혁명과 시대정신

인문고전 세미나 — 3

혁명과 시대정신

고 점 복

김 종 훈

신 지 영

양 원 석

이 상 우

이 순 희

KU PRESS
고려대학교
출판문화원

| 이 저술은 한국연구재단이 후원하는 고려대학교 대학혁신지원사업의 지원을 받아 이루어졌음

머리말

2019년부터 2023년 2월까지 진행되었던 고려대학교 문과대학 대학혁신지원사업에서는 고려대학교 및 우리 사회 구성원의 인문역량 강화를 위한 다양한 교육프로그램들이 기획, 운영되었다. 전통적인 인문학 교육의 틀에 기초하는 동시에 근래의 다양한 사회적 변화를 고려함으로써, 인문학 본연의 의의를 되짚어 보고 인문 교육에 대한 새로운 접근을 모색해 보는 것이 지난 3년 동안 추진되었던 본 사업의 핵심이었다.

가속화되는 디지털 전환의 움직임과 맞물린 교육 환경의 변화 안에서, 고려대학교 문과대학 대학혁신지원사업단이 추구했던 것은 인류의 공존에 필수적인 공감능력의 확산과 명철하면서도 반성적인 성찰능력의 함양이었다. 인문학이 탐구하고 제안했던 또 지금도 계속해서 제시하는 인간과 사회에 대한 비평적인 시각들은 여전히 유효한 교육의 토대인 동시에, 축적된 지식을 생산적으로 활용하고 변용시킬 수 있는 비판적인 창의력 계발의 출발점이기도 했다.

이러한 취지에서 시작된 것이 바로 고려대학교 문과대학 온라인 인문교육 콘텐츠 '고성방가(高省芳歌)'였다. 고려대학교 문과대학 교수들이 참여해 다양한 학문 분야의 고전들을 다각도적으로 조망한 50분 내외의 온라인 강연들은, '고성방가'라는 콘텐츠 제명에서부터 짐작되듯, 학생들뿐만 아니라 사회 구성원들에게 인문 고전에 대한 '깊은 성찰의 흔적들'을 그려 보이고, 거기서 과거와 현재를 아우르고 미래에도 유지될 수 있는 '아름다운 울림'을 전하고자 했던 '독창적'인 프로그램이었다.

그러나 이러한 '독창성'이 무(無)에서 유(有)를 창조하는 것이나 전적으로 유일무이한 새로운 것의 창안을 의미한 것은 아니라는 점도 여기서 짚어둘 필요는 있겠다. 우리가 의도했던 '독창성'은 기존의 익숙한 시선에서 벗어나 사물과 사안들의 간과했던 부분을 다시 주시하려는 노력이자 개선의 의지였다. '고성방가'의 기저에는 4차 산업혁명 시대에 태어나 과거의 기성세대와는 다른 시대를 살아갈 수밖에 없는 젊은 세대를 위한, 그리고 코로나19가 야기한 팬데믹으로 인해 강제된 기존 대학교육의 패러다임 전환을 위한 모색이 존재했다.

'인문고전 세미나 총서'는 온라인 교육 콘텐츠 '고성방가'와 한 쌍을 이루는 오프라인 강의록이며, 디지털 네이티브 세대들에게 과거의 아날로그적인 방식의 장점과 가치를 전하고자 했던 시도였다. 물질적인 한 권의 책으로 만들어진 '인문고전 세미나 총서'에서는 온라인 강의에서 미처 다루지 못했던 내용들을 소개하고, 천천히 자신의 속도에 맞게 내용을 곱씹어 보는 계기를 만들고자 했다. 아울러 저마다의 열의와 노력을 통해 고전의 다양한 깊이를 맛볼 수 있는 더 읽어볼 거리 등을 제공해 주고, 관련되는 여러 인문고전들의 독서와 성찰을 유도하여 자기주도적 인문학 학습의 기반을 제공해 주고자 했다.

2023년 2월 현재까지 '고성방가'는 총 31편이 제작되었고 여기에 참여했던 강연자 11명의 글을 주제별로 모아 2022년 일차로 '인문고전 세미나 총서' 두 권을 출판했다. 두 권의 중심 주제인 '재난과 위기', '사랑과 불륜'은 해당 문제가 동시대의 가장 첨예한 화두이자 인류의 가장 오랜 고민이기도 하다는 점에서 정해진 것이었다. 1권인 '재난과 위기의 시대'에서는 레이첼 카슨의 〈침묵의 봄〉, 요사노 아키코의 〈흐트러진 머리칼〉, 밀턴의 〈실낙원〉, 조애중의 〈병자일기〉, 알베르 카뮈의 〈페스트〉, 막스 베버의 〈프로테스탄트 윤리와 자본주의 정신〉 등 여섯 권의 고전을 살펴보았다. 또 2권인 '사랑과 불륜의 문화사'에서는 박경리의 〈표류도〉, 〈겐지 모노가타리〉, 중세 유럽 최대의 전설인 〈트리스탄과 이졸데〉, 〈사씨남정기〉, 그리고 톨스토이의 〈안나 카레니나〉의 의미를 되짚어 보았다.

올해에는 '혁명과 시대정신'이라는 주제로 총서의 세 번째 책을 기획했다. 현실과 이상의 간극이 커지면 커질수록 우리의 삶은 방향을 잃고 표류하기 쉽다. 삶이 곤욕스럽고 비참할 때, 좌절과 모멸감을 배워야 할 때, 그리하여 삶의 매 순간 절망과 간절함을 마주할 때, 혁명을 위한 조건이 마련된다. 하지만 혁명은 어느 위대한 영웅에 의해 이루어지지 않는다. 비참한 삶 속에서 피어오르는 삶에 대한 열정이 오직 위대한 이들에게만 허락되는 것은 아니다. 평범한 일상을 살아가면서도 꿈꾸기를 포기하지 않은 무수한 범인들이 각자 발 딛고 있는 시대에 대해 고민할 때, 그것이 곧 개인의 삶 속에서 혁명으로 이어진다는 점을 되새길 필요가 있다. 요컨대 혁명은 현실의 폐해와 제약을 개선하고자 노력하고, 이를 위해 지나간 과거를 돌이켜 보고 다가올 미래를 지금 이 순간에 미리 준비하는 것이며, '인문주의자'들이 오랜 시간 동안 행해왔던 노력, '인문학'이 늘 지향했던 바와 다르지 않다.

3권인 '혁명과 시대정신'에는 여섯 편의 글이 수록되어 있다. 첫 번째 글은 루쉰의 〈아큐정전〉을 중심으로 당대 사회의 특징을 살펴보고, 민중 계몽의 필요성과 사상혁명의 난점을 짚어준다. 두 번째 글에서는 조지훈의 시와 문학 여정을 따라가면서, 시대적 어려움 속에서도 정의의 가치를 구현하려는 노력이 얼마나 값진 것인지를 독자들에게 다시 환기시키고자 했다. 헤르타 뮐러의 〈숨그네〉를 다루는 세 번째 글에서는 세계대전 당시 수용소에 보내졌던 독일 소수민족들의 현실을 점검하고, 언어가 갖는 힘에 주목함으로써, 내면의 글쓰기가 어떻게 새로운 시대를 열 수 있는 자양분이 될 수 있는지를 확인하였다. 네 번째 글에서는 〈맹자〉에 나타나는 맹자의 인성론과 정치론을 살펴보았고, 위정자의 자질과 역할에 대한 재고의 기회를 마련하고자 했다. 다섯 번째 글에서는 근대극운동에 투신해 한국 근대 연극사의 기틀을 마련한 김우진의 희곡 〈난파〉와 〈산돼지〉를 다루었으며, 연극이 어떻게 자기 혁명의 길로 이어지며 사회개조의 수단이 될 수 있었는지를 검토했다. 마지막 여섯 번째 글에서는 빅토르 위고의 〈레 미제라블〉을 통해, 가난한 인간의 영혼을 집어삼키는 거대한 사회적 힘에 맞선 '비참한 이들'의 꺾이지 않는 열망, 그리고 실패 위에 쌓아 올리는 역사의 진보를 기억하고자 했다.

'인문고전 세미나 총서'는 원전인 일차 텍스트에 의해 투사된 그림자를 닮은 이차 텍스트이다. 빛과 그림자가 공존하듯, 이차 텍스트는 일차 텍스트 없이는 존재할 수 없다. 하지만 그림자인 이차 텍스트는 일차 텍스트의 쉽게 드러나지 않거나 간과하기 쉬운 혹은 감추어진 다양한 면면들을 보여주곤 한다는 점에서 의미심장하다. 이 세 권의 책이 끊임없이 새로운 일차 텍스트들로 향하는 문을 열어주기를, 그리고 늘 해당 원전과 다양한 이차 텍스트들을 이어주는 가교가 되기를 희망한다. 마지막으로 '인문고전 세미나 총서'가 다양한 시대에 집필된 인문고전을 통해 오늘날 우리가 발 딛고 서있는 사회와 우리 삶에 대해 사유할 수 있는 기회를 열어줄 것이라 다시 한번 기대해 본다.

끝으로 고려대학교 문과대학 대학혁신지원사업 운영과 총서 간행에 많은 도움을 주신 분들께 감사를 드려야 할 것 같다. 학장님을 비롯한 여러 문과대학 교수님들께, 또 아름다운 책을 만드는 데 도움을 주신 고려대학교출판문화원의 여러 분들께 감사드린다. 그리고 '고성방가' 제작 및 인문고전 세미나 총서의 발간, 나아가 실제 강의에서 묵묵히 애써 주셨던 세 분 연구교수 선생님께 특별한 인사를 전한다.

2023년 11월

김준현·김태희

차례

아큐정전

20세기 중국의 혁명과 루쉰이 꿈꾼 혁명

고점복

1 〈아큐정전〉의 배경과 작가 및 주요 작품

만주족이 세운 청(淸)은 최전성기인 건륭(乾隆) 황제 이후, 강력해진 서양 세력과 만나게 된다. 청이 경험하지 못한 강력한 함선과 대포로 무장한 서양 세력의 등장은 중국 문명의 변화를 야기하는 결정적 계기였다. 18세기 말까지 세계 최고의 부(富)를 자랑하던 중국 문명은 강력한 군사력으로 무장한 서양의 통상 요구를 거부했지만, 그 결과는 한없이 굴욕적이었다. 대외적으로 아편전쟁(鴉片戰爭, 1840년, 제1차 중영전쟁)과 제2차 중영전쟁(1856), 청불전쟁(1883), 청일전쟁(1894) 등으로 이어지는 전쟁에서 패했으며, 대내적으로도 태평천국의 난(1850-1864)과 의화단의 난(1899-1900) 등으로 인해 사회적 혼란이 가중되었다.

이와 같은 외적·내적 혼란의 극복을 위해 집권층이 제시한 해법이 양무운동(洋務運動)이었다. 양무운동은 '양무'가 상징하듯, 서양문물의 도입을 통한 부국강병책이었다. 그 가운데서도 아편전쟁의 치욕을 낳은 서구 열강의 선진적이고 강력한 군사기술의 도입과 군수산업의 강화가 핵심이었다. 약 30년간 계속된 양무운동에서 가장 중시되었던 것은 무기 제조, 군함 건조, 신기술 학습을 위한 유학생 파견, 자국 산업 육성이었다. 한마디로 자강(自强)과 부강(富强)을 위한 물질적·군사적 측면의 개혁이라고 할 수 있다.

그러나 청일전쟁의 패배로 양무운동은 실질적으로 실패하게 되며, 동양의 종주국이라는 중국의 우월감 역시 훼손된다. 메이지유신(明治維新) 이후 열강으로 부상한 일본과의 전쟁에서 패한 중국은 집권 권력층의 물질적·군사적 측면의 개혁에 의구심을 제기하게 되었으며, 이로 인해 발생한 것이 신진 사대부 중심의 무술변법(戊戌變法, 1898)이었다. 무술변법은 광서제(光緖帝)와 서태후(西太后)를 중심으로 한 상층 권력층 간 세력 다툼으로 103일 만에 막을 내렸지만, 물질적·군사적 측면의 개혁이 지닌 한계를 극명하게 노출시키면서 이의 극복을 위한 정치적·제도적 차원의 혁명을 요구했다.

정치적·제도적 차원의 개혁을 요구했던 무술변법이 실패로 끝남으로써 청의 위기는 더욱 심화되었다. 의화단의 난이 발생했을 때 서구 열강의 군대가 수도 베이징을 점령할 정도였으니, 청나라의 멸망은 기정사실이었다. 점차 가시화되고 있는 청나라의 멸망과 집권 권력층의 무능을 확인한 혁명세력들은 쑨원(孫文)을 중심으로 청나라의 전복과 공화국의 건국을 위한 무장봉기에 돌입한다. 약 10여 년간 중국 각지에서 무장봉기가 발생했는데, 그중 1911년 우창(武昌)에서 발발한 무장봉기가 성공함에 따라 그 여파는 전국 각지로 퍼져나갔다. 우창봉기에 호응하여 각 지역 또한 봉기를 일으키고 독립을 선언함으로써 청나라는 멸망하게 되는데, 1911년이 신해년(辛亥年)이었기 때문에 신해혁명(辛亥革命)이라고 부른다.

신해혁명이 봉건 전제왕조를 무너뜨리고 동양 최초의 공화제 국가인 중화민국을 수립하는 데 결정적 역할을 한 것은 사실이지만, 중국 사회는 여전히 봉건적이었으며 경제는 열강과 매판자본(買辦資本)의 손아귀에 놓여있었다. 더불어 20세기 버전 춘추전국시대라고 할 만큼 군벌 간 혼전이 지속

루쉰

됨으로써 신해혁명은 미완의 혁명에 그쳤다. 양무운동과 무술변법 등으로 이어진 일련의 개혁조치에서부터 봉건 전제왕조를 무너뜨린 가시적 성과를 보인 신해혁명에 이르기까지 중국 사회의 변화를 위한 시도는 다방면으로 전개되었다. 그러나 중국 사회의 혼란은 가중되고, 국가적 위기는 심화되었다. 개개인의 사상적 변화를 수반하지 않는 물질적·제도적 차원의 개혁이 지닌 한계만 극명해질 따름이었다. 다시 말해 사상적·문화적 차원의 혁명에 대한 필요성이 증대된 것이다. 루쉰과 그의 문학이 바로 그와 같은 전환의 이정표였다.

루쉰(魯迅)은 1881년 저장성(浙江省) 샤오싱(紹興)의 사대부인 주(周)씨 가문의 장자로 태어났다. 어린 시절 이름은 장서우(樟壽)이며, 17세 되던 해에 수련

(樹人)으로 개명했다. 루쉰은 필명(筆名)이다. 조부가 청 정부에서 벼슬을 할 만큼 넉넉한 집안의 장자였기에 어린 시절은 상당히 유복했다. 그러나 13세 되던 해에 조부가 과거시험 부정에 연루되어 투옥됨으로써 집안이 쇠락한다. 병약하신 부친마저 루쉰이 16세 때 사망하면서, 그는 과거(科擧)를 통한 입신양명(立身揚名)의 길을 단념하고 난징(南京)으로 유학길에 올라 신식 학문을 공부한다. 그 무렵 신식 학문에 대한 중국인의 인식은 상당히 저열했는데, "막장 인생이 서양 귀신에게 영혼을 파는 것으로 간주되어 몇 갑절의 수모와 배척을 당해야 했다"(루쉰전집번역위원회 2010, 22).

1902년 국비유학생에 선발된 루쉰은 일본으로 유학길에 올라 센다이(仙臺)의학전문학교에서 의학을 공부한다. 그러나 미생물학 수업 시간에 슬라이드필름을 본 후 의학 공부를 포기하고 문학으로 전향한다. 필름의 내용은 중국인 러시아 스파이가 일본군에 잡혀 처형되는 장면을 신체 건장한 수많은 중국인이 둘러싸고 구경하는 장면이었다. 그 순간에 대해 루쉰은 다음과 같이 회상한다. "어리석고 겁약한 국민은 체격이 아무리 건장하고 우람한들 조리돌림의 재료나 구경꾼이 될 뿐이었다. 병으로 죽어가는 인간이 많다 해도 그런 것쯤은 불행이라 할 수 없다. 그래서 우리가 제일 먼저 해야 할 일은 저들의 정신을 뜯어고치는 일이었다. 그리고 정신을 제대로 뜯어고치는 데는, 당시 생각으로 당연히 문예를 들어야 했다"(루쉰전집번역위원회 2010, 23). 문예를 통한 국민성 개조라는 사상혁명의 지난한 여정은 이렇게 시작되었다.

의학에서 문예로 전향한 후 루쉰은 일본에서 잡지 《신생(新生)》의 발간을 위해 진력을 기울이기도 하며, 〈문화편지론(文化偏至論)〉, 〈마라시역설(摩羅詩力說)〉, 〈파악성론(破惡聲論)〉과 같은 글을 썼다. 상기 글들은 루쉰의 초기 문예론이 지닌 특징과 함께 루쉰의 문학이 지닌 반(反)근대적이면서 근대적인 면모를 이해하는 단초를 제공하기도 한다. 그것은 대략 집단/물질/이성에 편향된 근대의 논리를 개인/정신/감성에 근거하여 비판하는 양상이라고 할 수 있다. 다시 말해 루쉰은 문학을 통해 인간의 정신적 가치에 대한 탐구를 진행하고자 한 것이다.

1909년 귀국한 루쉰은 항저우(杭州)와 고향 샤오싱에서 교원생활을 하다, 1911년 발발한 신해혁명에 기대를 품고 중화민국 정부의 교육부 직원으로 참가해 베이징으로 이주한다. 1918년 〈광인일기(狂人日記)〉 발표 전까지 베이징에서의 생활은 상당히 쓸쓸했다. 교육부 직원으로 일하면서 생계를 해결하는 외에, 하는 일이라고는 옛 비문(碑文)을 베끼거나 유실된 옛 자료를 수합하여 교정하는 정도였다. 찾아오는 사람도 드물었고, 일본 유학 시 품었던 문예를 통한 국민성 개조라는 원대한 이상을 향해 매진하는 일도 없었다. 흔히 10년의 침묵이라고 말하는 이 시기는 루쉰이 내적으로 성숙해 나가는 시기이기도 했다. 그렇게 침묵의 나날을 보내던 어느 날 옛 친구 진신이(金心異, 본명은 錢玄同)가 찾아와 옛 비문을 베끼는 일이 무슨 의미가 있냐며, 자신들이 발간하고 있던 잡지 《신청년(新青年)》에 글을 기고해 달라고 부탁한다. 그렇게 해서 완성된 작품이 바로 〈광인일기〉이다.

〈광인일기〉는 가족제도와 예교(禮敎)의 폐해를 폭로하겠다는 작가의 의도에 걸맞게 중국의 문명을 식인(食人)의 문명으로 규정하고, 광인을 통해 고발한다. 그러나 〈광인일기〉 발표 전까지 루쉰은 미래에 대해 상당히 비관적이었다. 진신이와 나눈 대화에서 루쉰은 다음과 같이 말한다. "가령 말일세. 쇠로 만든 방이 하나 있다고 하세. 창문이라곤 없고 절대 부술 수도 없어. 그 안엔 수많은 사람이 깊은 잠에 빠져있어. 머지않아 숨이 막혀 죽겠지. 허나 혼수상태에서 죽는 것이니 죽음의 비애 같은 건 느끼지 못할 거야. 그런데 지금 자네가 고래고래 소리를 질러 의식이 붙어있는 몇몇 사람이라도 깨운다고 하세. 그러면 이 불행한 몇몇에게 가망 없는 임종의 고통을 주는 게 되는데, 자넨 그들에게 미안하지 않겠나?"(루쉰전집번역위원회 2010, 26) 이에 대해 진신이는 몇몇이라도 깨어난다면 철방(鐵房)을 부술 희망이 결코 없다고 할 수는 없을 것이라며 루쉰의 분발을 촉구한다. 희망은 미래 소관이고, 절대 없다는 자신의 생각으로 진신이의 견해를 반박할 수도 없었기 때문에 루쉰은 그의 요구를 수락한다. 이후 루쉰은 그 누구보다 적극적으로 문예활동에 종사하면서 중국인과 중국 사회의 어두운 면을 폭로하고 개조를 촉구한다.

그러나 글쓰기를 통한 국민성 개조의 꿈은 필연적으로 권력층과의 충돌을 야기할 수밖에 없었다. 1926년 베이징의 군벌정부에 의해 자행된 학생 시위대 총격 사건을 계기로 루쉰은 베이징을 떠나 중국 남부에 있는 샤먼(廈門)의 샤먼대학 교수로 부임한다. 그러나 그곳에서의 생활 역시 동료 교수들과의 갈등으로 점철되어 불과 반 년 만인 1927년 1월 광저우(廣州)에 있는 중산(中山)대학 교수로 부임하지만, 다시 약 10개월 만에 상하이로 이주한다. 이후 1936년 지병인 폐병으로 타계할 때까지 상하이에서 생활

《외침》 표지

한다.

56년이라는 루쉰의 생애는 그 자체로 격동하는 중국 현대사의 증언이자, 격동하는 역사를 견뎌온 처절한 생존의 기록이기도 하다. 중국 현대문학의 아버지, 혹은 20세기 중국의 대문호로 불릴 만큼 루쉰의 문학적 성과는 대단하다. 그러나 편수로만 따진다면 다작의 작가는 아니다. 1923년에 출판된 첫 번째 소설집 《외침(吶喊)》에는 〈광인일기〉·〈아큐정전〉·〈고향〉 등 총 14편이 실렸으며, 1926년에 출판된 《방황(彷徨)》에는 〈술집에서〉와 〈고독한 사람〉 등 총 11편이 실렸다. 1936년에 출판된 마지막 소설집 《고사신편(故事新編)》에는 신화나 역사적 영웅을 제재로 한 작품 8편이 실렸다. 편수로만 따진다면 33편에 불과하다. 그것도 중편인 〈아큐정전〉을 제외하면 모두 단편소설이다. 소설 외에도 산문시라고 불리는 서정 산문집 《야초(野草)》가 1927년에 출판되었으며, 《중국소설사략(中國小說史略)》이나 《한문학사강요(漢文學史綱要)》와 같은 학술연구 저작도 있다. 그 밖에 《열풍(熱風)》 이후 다수의 잡문집이 출판되었다. 《야초》는 다양한 형식으로 루쉰 자신의 내면세계를 투사하고 있으며, 잡문집의 내용은 시사(時事)에 대한 비판이 주류이다.

중국의 런민(人民)문학출판사가 발행한 루쉰 전집의 분량을 살펴보면 순수 창작집 가운데 대다수가 잡문임을 확인할 수 있는데, 이를 통해 루쉰의 글쓰기가 당시의 현실과 사회의 문제를 분석하고 해결을 촉구하는 데 있었음을 알 수 있다. 다시 말해 소설이 간접적으로, 혹은 예술적으로 중국과 중국인의 문제를 형상화했다면, 잡문은 직접적으로, 혹은 사회학적인 관점에서 중국과 중국인의 문제에 접근하고 있는 것이다. 첨언하면, 잡문에 기록된 자질구레한 사건들을 유형화하여 소설의 제재로 삼고 있으며, 잡문을 통해 비판한 중국인과 중국 문화의 개별적 면모를 집약하여 소설의 주제로 승화시키고 있다고도 볼 수 있다.

한편, 《야초》에서 확인할 수 있는 루쉰의 면모는 상당히 모순적이다. 국민성 개조라는 사상혁명의 길을 끝까지 가겠다는 의지를 보이면서도, 인간이기 때문에 어쩔 수 없이 직면하는 고뇌와 방황을 보여주기도 한다. 그로테스크하게 보일 만큼 난해한 작품도 있으며, 사회변혁에 대한 작가의 의지가 선명하게 드러나는 작품도 있다. 형식 면에서도 희곡, 시, 산문 등으로 다양하여 하나의 작품집이 아닌 듯한 느낌도 든다. 그러나 《야초》의 형식적 다양성과 내용적 어려움은 그 자체로 루쉰과 그의 문학이 지닌 다양성과 현실적 고뇌·변혁에의 의지·창작이 수반하는 정신적 고초 등을 담고 있다고 할 것이다.

2 〈아큐정전〉의 형식과 내용

〈아큐정전〉은 1921년 12월 4일부터 《신보부간(晨報副刊)》에 매주 혹은 격주로 발표되어 1922년 2월 12일에 게재 완료되었다. 지금은 소설이 신문에 연재되어 독자와 만나는 경우가 거의 없지만, 1990년대까지만 하더라도 신문은 소설 작품과 독자를 연결 짓는 중요한 매개체 가운데 하나였다. 지금처럼 다양한 전달 매체가 발달되지 않았던 20세기 초 중국이나 한국에서 신문과 잡지는 국민 계몽의 주요한 수단이기도 했다. 앞서 언급되었던 잡지 《신청년》의 경우만 하더라도, 당시 최신의 서양 학술을 중국에 소개함으로써 중국 사회의 변화를 촉구한 주요한 매개체였다. 《신청년》과 같은 잡지를 중심으로 소개된 서양 학술은 머지않아 신문화운동의 제창이라는 결실을 맺게 되었으며, 이로부터 중국인의 사상에도 새로운 기운이 주입되었다.

서구식 학술과 사상을 주창한 지식인들이 우선적으로 관심을 갖은 분야는 문학예술 언어의 변화였다. 전통적으로 중국은 문언(文言)과 구어(口語)의 차이가 컸으며, 문학 언어는 문언이 중심이었다. 문언 중심의 문학예술은 전통적 지식인의 전유물이었으며, 광범위한 유통에도 한계가 있었다. 이로 인해 새로운 사상으로 무장한 지식인들은 대중 계몽의 필요성을 절감하면서 최대한 구어에 가까운 언어를 문학예술의 언어로 삼고자 했다. 아편전쟁 이래 중국이 처한 위기 극복을 위해 다양한 시도를 했던 중국 지식인들이 궁극적으로 내린 처방이 사상과 관념의 변화였으며, 이를 위한 최우선의 과제가 대중적이고 쉬운 언어의 정착이었다고 할 수 있다. 이렇게 하여 현대 중국어 푸통화(普通話)의 모체인 백화(白話)가 창작 언어의 주류가 되었다.

백화가 문학예술 창작의 주류 언어로 자리 잡는 과정은 순탄치 않았는데, 중국인의 예술적 감수성을 충족할 만한 작품성과 대중성을 갖춘 작품의 창작이 이루어져야 했기 때문이다. 그런 의미에서 중국 현대 최초 백화소설로 평가받는 〈광인일기〉의 출현은 중국문학의 획기적 사건이었다. 백화로 창작된 작품의 예술성과 대중적 수용의 가능성이 커지면서 점차 백화는 문언을 대체하는 작품의 언어가 되었다. 그것의 징후를 신문에 연재된 〈아큐정전〉에 대한 반응에서 알 수 있는데, 연재될 당시 작품에 묘사된 인물과 사건에서 자신을 비판하고 있다는 느낌을 받았다는 독자도 다수였다. 이는 〈아큐정전〉이 소설의 기본 문법인 사건의 개연성과 인물의 전형

《아큐정전》 표지

성을 갖추었음을 보여주는 상징적 사건이라고 할 수 있다.

신문이라는 전달매체를 통해 단속적으로 독자와 만나는 연재물의 속성은 매 회마다 나름의 스토리가 전개되어야 하며, 한 회의 마지막 부분에는 다음 회 내용을 암시하는 것으로 끝을 맺어야 한다. 구매를 독려하기 위해 독자의 흥미를 자극하는 설정이 들어가야 하는 것이다. 〈아큐정전〉의 형식적 특징 역시 그렇다. 작품은 1장, 2장, …, 대단원(大團圓) 식의 분절적 형식으로 이루어져 있으며, 매 장이나 회마다 각기 다른 제목이 붙어 있다. 1장은 '서(序)', 2장은 '승리의 기록', 3장은 '속(續) 승리의 기록', 4장은 '연애의 비극', 5장은 '생계 문제', 6장은 '중흥에서 말로까지', 7장은 '혁명', 8장은 '혁명 금지', 9장은 '대단원'의 형식으로 구성되어 있다. 이와 같은 형식은 중국 고전소설의 형식과 동일하며, 장회체(章回體)라고 부른다. 중국을 대표하는 소설인 《수호전》·《삼국지》·《홍루몽》 등이 모두 장회체를 형식적 특징으로 하고 있다.

형식적 특징에서 생각해 볼 문제는 중국 현대문학의 개척자이자 최고봉이라고 할 수 있는 루쉰이 전통적 형식을 채용하고 있다는 점이다. 이는 분명 당시 독자층의 독서 습관과 신문의 상업성을 고려한 선택이었을 것이다. 다시 말해 신문사의 영업 전략과 독자의 가독성 및 관심도를 동시에 충족시킬 수 있는 방법으로 장회체가 선택되지 않았을까 하는 것이다. 사실 장회체라는 전통적 소설 형식의 선택이 중요한 문제는 아닐지도 모른다. 루쉰에게 중요한 점은 조금이라도 더 많은 사람이 중국 사회와 중국인의 정신세계가 지닌 문제를 인식하고 개선하는 데 있었을 것이기 때문이다. 앞서 '철방(鐵房)'의 비유에서도 확인했던 것처럼, 루쉰은 각성을 통한 개선의 가능성을 높일 수 있는 방안이라면 무엇이든 주저하지 않았을 것이다.

〈아큐정전〉은 언어 면에서 백화를 사용함으로써 신문화운동의 기치를 올리고 있지만, 형식 면에서는 전통적인 소설 형식을 따르고 있다. 양자는 얼핏 대비되는 것처럼 보이지만, 의미의 전달과 수용 가능성의 제고라는 측면에서 일치된다. 그런 면에서 문제는 작품의 내용이다. 의미 전달이나 수용 가능성이 높은 언어와 형식을 채택했다고 하더라도 작품성이 떨어지거나 내용이 공허하다면 작품은 생명력을 잃기 마련이다. 〈아큐정전〉하면 떠오르는 주제가 아큐로 대표되는 중국인의 '정신승리법(精神勝利法) 비판'임은 널리 알려진 사실이다. 그런데 바로 이 명확한 주제로 인해 작품이 담고 있는 다양한 내용에 대한 이해가 방해를 받기도 한다. 일례로 중화인민공화국 수립 이후, 대륙의 〈아큐정전〉에 대한 해석은 '신해혁명 시기 중국 농민과 농촌의 봉건성 비판'이 주류였다. 이는 중국 농민이 신중국 건국의 주요 세력이었던 점을 부각시키고, 이전 시기와는 달라진 중국과 중국 농민을 강조하기 위한 정치적 해석에 가깝다.

루쉰과 그의 작품에 대한 정치적 해석이 〈아큐정전〉에만 국한된 것은 아니지만, 작품은 분명 신해혁명 시기 중국 농민의 전형인 아큐의 정신승리법을 중심으로 오랫동안 중국 문명을 일궈온 중국인, 나아가 인간 본연의 면모를 드러내고 있다. 이의 연장선에서 〈아큐정전〉이 담고 있는 구체적 내용을 개괄적으로 정리하면 다음과 같다. 첫 번째, 스스로를 치켜세우는 심리를 들 수 있다. 아큐의 정신승리법은 자고자대(自高自大)의 전통이나 심리와 연계되어 있다. 둘째, 강자에게는 굽실거리고 약자는 멸시하는 사회 풍조가 묘사되어 있다. 셋째, 시끌벅적한 구경거리를 찾을 뿐 혁명이나 사건의 진실에는 관심이 없는 구경꾼 심리가 형상화되어 있다. 넷째, 예교(禮敎)의 현실적 구현인 등급사회가 소통을 가로막음으로써 발생하는 사회적 폐단과 그것에 대한 중국인의 무비판적 태도가 그려져 있다. 다섯째, 서로의 약점을 찾으며 이익을 탐하는 인물 군상을 통해 인간 사회의 세태를 묘사하고 있다. 여섯째, 이와 같은 과정을 통해 사상혁명이 얼마나 어려우며, 또 절실한 과제인지를 보여준다. 간단히 〈아큐정전〉은 아큐로 대변되는 중국 농민의 정신승리법에 대한 비판이라는 주제 이면에 국민성 개조라는 사상혁명의 어려움을 절감한 작가 루쉰의 애절한 외침이 담겨있는 것이다.

〈나는 왜 소설을 쓰기 시작했는가(我怎麽做起小說來)〉라는 글에서 루쉰은 '계몽주의를 마음에 품고, 인생을 개량하기 위해 창작을 시작했다'고 말한다. 그보다 앞선 일본 유학 시기에 쓴 〈문화편지론(文化偏至論)〉에서는 '주체 세우기(立人)'를 통한 '사람의 나라(人國)' 건설을 주장한다. 루쉰에게 '입인'은 '인국'의 건설로 나아가는 기본 과제이다. '입인'이라는 기본 과제를 달성하기 위해서는 인생을 개량해야 하며, 인생을 개량하기 위한 최적의 수단이 글쓰기였다. 그렇다고 루쉰이 문예에 그런 힘이 있다고 믿지는 않은 듯하다. 문예는 분명 대포 한 방보다 파괴력이 떨어짐을 루쉰 역시 인지하고 있었다. 그럼에도 그는 물질적·제도적 혁명과 함께 반드시 수반되어야 하는 것이 국민성 개조라는 사상혁명이며, 이를 수행하는 최적의 무기가 문예임을 역설한다. 물론 문예가 물질적·제도적 혁명의 선전물이 될 수도 있지만, 모든 선전이 문예가 되지는 않는다는 것이 루쉰의 인식이기도 하다. 사상혁명은 양무운동과 같은 물질적·군사적 혁명으로도, 변법유신과 같은 정치적·제도적 혁명으로도, 신해혁명과 같은 가시적·구체적 혁명으로도 불가능하다. 그것은 한 세대가 진력을 기울인 후에도 실패하기 마련이며, 다음 세대가 뒤이어 진력을 기울여도 성공 가능성을 장담할 수 없는 지난한 과정이다.

사상혁명이 어려운 이유는 여러 가지가 있겠지만, 루쉰이 〈광인일기〉를 통해 폭로하고자 했던 가족제도와 예교의 폐해로부터 추론해 본다면 근본적인 원인은 유가(儒家)로 대표되는 공고화된 계층질서일 것이다. 유가는 무엇보다도 계층에 따른 도덕질서를 중시하는데, 그것은《논어(論語)》의 '임금은 임금답고, 신하는 신하다우며, 아버지는 아버지답고, 아들은 아들답다(君君臣臣父父子子)'가 대표하지 않을까 한다. '~답다'로 상징되는 계층질서에 대한 강조는 개별자로서의 인간 본연에 대한 사유를 방해하기 마련이며, 이로부터 도덕관념과 지식구조로 포장된 계층 정치가 윤리라는 이름으로 이루어지는 것이다. 물론 계층화된 질서 체계가 오랫동안 중국 사회를 안정적으로 유지하는 데 기여한 바가 크지만, 어디까지나 중하층민의 희생에 기생하고 있음도 사실이다. 게다가 여성은 언급조차 되지 않는데, 여성은 전통 사회에서 남성보다 하위 계층이었음을 알 수 있다.

〈아큐정전〉의 배경인 미장(未庄, 웨이좡)에서도 이와 같은 계층질서를 확인할 수 있다. 미장의 최상층에는 거인(擧人) 나리나 자오(趙) 나리, 일본 유학을 다녀온 신식 지식인 첸(錢) 나리의 큰아들 등이 있다. 그 다음으로는 최상층에 복무하는 인물들인 지방자치경찰이나 자오 나리 댁의 유일한 하녀 우(吳) 어멈 등이다. 그 밑으로 대다수 농민이 하층을 이루고 있으며, 아큐·왕털보·소D·비구니 등이 최하층을 형성하고 있다. 미장은 마을의 최고 권위자인 자오(趙) 나리 같은 덕망 있는 사람의 말과 그들이 신줏단지처럼 받들어 온 유가 규범이 마을의 통례이자 법이다. 신분질서에 따른 통례와는 달리 미장에서는 떠받들기도 일종의 통례이다. 작품을 통해 확인해 보자.

> 미장의 오랜 관례에 의하면 조금이라도 사람의 눈길을 끄는 인물을 만나게 되면, 그 사람을 얕보기보다는 오히려 존경하는 편이었다. 지금 비록 아큐라는 것을 명백히 알고는 있지만 누더기 옷을 입은 아큐와는 좀 다르기 때문에 옛사람들이 말하기를 "선비란 사흘만 떨어져 있어도 다시 눈을 비비고 보아야 한다"라고 했기에 심부름꾼도, 주인도, 손님도, 길 가던 사람도 자연히 일종의 의심스러운 눈빛을 하면서도 또한 존경의 태도를 보였다. (김시준 2008, 149)*

미장은 조상과 미신을 섬기는 전통이 대대로 전해져 온 마을이며, 신분질서로 인한 진실한 소통이 불가능한 사회이다. 흥미로운 점은 그런 마을에 붙인 '미장(未庄)'이라는 이름이다. '아닐 미(未)'와 '농막 장(庄)'은 이름이 없는 마을, 그렇기 때문에 어디에나 편재해 있는 전형적인 농촌 마을에 대한 상징적 작명이라는 것이다. 다시 말해 배경 마을에 대한 작명을 통해서도 작가는 공고화된 신분질서가 중국 도처에 널려 있음을 보여주는 것이다. 상기 인용은 도시로 나간 아큐가 도적질을 통해 행색을 바꾸고 마을에 나타나자 마을 사람들이 보인 반응으로, '선비란 사흘만 떨어져 있어도 다시 눈을 비비고 보아야 한다'라는 구절에서 뿌리 깊은 유가적 인식의 면모를 확인할 수 있다. 유구한 역사를 지닌 유가 전통과 신분질서, 그리고 그

* 번역은 김시준 옮김, 《루쉰소설전집》(을유문화사, 2008)을 이용하였다. '김시준 2008'로 약기한다.

것을 내재화하고 있는 사람들이 모여 사는 미장과 같은 마을이 편재해 있는 상황에서 루쉰은 문예를 통해 작은 소통의 계기를 찾지만 스스로도 확신할 수 없다.

> 나는 현대 우리 나라 사람들의 정신세계를 그려보려고 했으나 정말로 그렇게 되었는지는 아직 충분한 확신을 갖지 못하고 있다. 다른 사람들은 어쩐지 몰라도 나 자신은 인간과 인간 사이에 커다란 장벽이 가로놓여 있어 사람들의 마음이 통할 수 없는 것처럼 생각된다. 이것은 바로 우리 고대의 총명한 사람들, 이른바 성현들이 사람의 등급을 10가지로 나눠놓은 탓이다. 지금은 그 명목을 그대로 부르지는 않지만 그 유령은 그대로 남아 있다. 뿐만 아니라 더욱 심해져 한 사람의 신체 내에서도 차별이 생겨 손은 발을 다른 부류의 하등물로 간주한다. (〈러시아어 번역본《아큐정전》의 서언 및 저자 약전〉,《노신전집》7권 1998, 81)

성현으로 상징되는 유가 전통과 그것에 의해 만들어진 등급질서는 인간과 인간 사이의 소통을 가로막을 뿐만 아니라, 시간이 흐를수록 강화된다. 다양한 관점에서 중국인과 중국 사회를 관찰하고 그들의 정신세계를 그려내고자 했던 루쉰이지만 10개로 분화된 등급질서를 혁파하기에는 미흡하기만 하다. 더구나 그것이 수천 년에 걸쳐 고착화된 것이라면 문제의 본질에조차 접근하기 어려울 것이다. 문제의 본질은 차치하더라도 층층이 그물막처럼 형성된 장막 가운데 문제가 무엇인지를 알리는 것마저 쉽지 않은 현실에 루쉰의 절망은 심화될 수밖에 없다. 잡문이라는 직접적 형식의 글쓰기가 상징과 은유라는 간접적 형식의 소설 작품보다 훨씬 많은 분량을 차지하는 원인 역시 여기에 있지 않을까 한다.

3 아큐와 혁명

유가 전통과 그것의 사회적 구현인 등급질서를 혁파하기 위한 루쉰의 노력은 작품의 주인공인 아큐의 형상화 과정에서도 여실히 드러난다. 주인공 아큐의 이름과 형상을 만들어내기까지 루쉰은 상당히 심혈을 기울였던 것으로 보인다. 〈'아큐정전'의 유래〉라는 글에서 루쉰은 "아큐의 이미지가 마음속에 그려진 것은 확실히 여러 해가 되었던 것 같다. 그러나 나는 줄곧 그것을 써내려는 엄두를 내지 못했다"(《노신전집》 3권 1998, 378)고 말한다. 〈아큐정전〉의 도입부에서도 다음과 같이 말한다. "내가 아큐(阿Q)를 위하여 정전(正傳)을 쓰려고 한 것은 이미 한두 해의 일이 아니다. 그러나 막상 쓰려고 하면 그만 생각이 원점으로 돌아가고 만다. 그러니 내가 '말을 후세에 전할' 만한 위인이 못 된다는 것을 충분히 알 수 있다. 왜냐하면 예로부터 불후(不朽)의 명작이란 불후의 인물을 전해야만 하거늘, 그리하여 사람은 글로써 전해지고, 글은 사람에 의해서 전해진다는 것인데—그렇다면 대체 누가 누구에 의해 전해지는 것인지 점점 알 수 없게 되고 만다. 결국 아큐를 전하겠다는 결정에 이르고 보니, 어쩐지 내가 귀신에게 홀린 듯한 기분마저 든다"(김시준 2008, 114).

오랜 숙성을 거쳐 만들어진 아큐의 이미지는 상당히 복합적이다. 우선적으로 아큐의 이름을 짓는 과정에는 전통적인 작명법에 대한 비판과 함께 열전(列傳)·자전(自傳)·내전(內傳)·외전(外傳)·별전(別傳)·가전(家傳)·소전(小傳)… 등과 같은 전통적 글쓰기 형식에 대한 비판적 인식이 담겨있다. 더불어 신문화운동을 주창하다가 국고정리(國故整理)를 강조하며 복고주의적 성향을 드러낸 후스(胡適)와 같은 지식인에 대한 간접적 비판도 살펴볼 수 있다. 마지막으로 글쓰기를 통해 자신의 꿈인 국민성 개조에 일조하려는 작가의 고민이 더해져 〈아큐정전〉은 중편에 불과하지만 만만치 않은 내용을 담고 있다.

우선 작품에 그려진 아큐의 됨됨이를 몇 가지로 정리할 필요가 있다. 앞서 미장은 유가 전통에 의한 신분질서가 고착화된 곳이라고 했는데, 아큐의 첫 번째 특징 역시 그렇다. 아큐는 남녀유별에 대해 엄격하며, 이단(異端)을 배척하는 정의감을 가지고 있고, 무후위대(無後爲大)와 같은 유가적 관념도 인지하고 있다. 두 번째로 미장의 모든 인물이 그렇듯, 아큐는 구경하고 으스대는 것을 좋아한다. 세 번째, 여성에 대한 전통적이면서 차별적 인식을 체화하고 있다. 네 번째, 신식 지식인에 대한 인식 역시 미장의 통례를 따른다. 신식 지식인에 대한 미장의 통례는 다음과 같다.

> 아큐는 어쩔 줄 몰라 우두커니 서 있었다. 그의 적이 또 나타난 것이다. 이 사람도 아큐가 가장 싫어하는 사람 중의 하나다. 바로 첸 나으리의 큰아들이었다. 그는 전에 성안의 서양학교에 들어갔으나 무슨 이유인지 몰라도 또 일본으로 건너갔다가 반 년 후에 집에 돌아왔는데 걸음도 곧바로 걷고 변발도 보이지 않았다. (…) 그러나 아큐는 그 말을 믿으려 들지 않았다. 어디까지나 그를 '가짜 양놈'이라 했고, 또 '외국놈의 앞잡이'라고도 불렀다. 그를 보기만 하면 반드시 속으로 은근히 욕을 해댔다. (김시준 2008, 130)

"그는 전에 성안의 서양학교에 들어갔으나 무슨 이유인지 몰라도 또 일본으로 건너갔다가 반 년 후에 집에 돌아왔는데 걸음도 곧바로 걷고 변발도 보이지 않았다"라는 구절에는 앞서 작가 소개 부분에서 언급한 루쉰 개인의 경험이 녹아들어 있다. 고향 샤오싱을 떠나 난징에 가서 근대적 학문을 공부하다 다시 일본으로 유학을 떠난 루쉰, 그리고 일본에서 변발을 자른 루쉰의 행적이 산입되어 작품에 개연성과 사실성을 부여하는 것이다. 한편 인용에서 서양식 교육을 받은 지식인에 대한 미장의 통례가 최하층민인 아큐에게도 고스란히 적용되고 있음을 알 수 있다. 당시 대다수의 중국인들에게 속칭 외국물을 먹은 지식인들은 '가짜 양놈'이나 '외국놈의 앞잡이' 취급을 받았다. 그런 지식인들이 주장하는 사회개혁과 사상개조는 어디까지나 공허한 울림으로밖에 치부되지 않았다. 앞서 언급한 귀국 후 10여 년의 침묵은 이와 같은 상황의 인식에서 비롯된 루쉰의 자구책으로 보는 것이 타당할 것이다.

신식 지식인에 대한 아큐의 편견은 지식인이라면 '~다워야 한다'는 전통적 지식인 관념의 소산이다. 여기에 공동체 구성원이 지닌 유가적 관념의 공유 역시 신식 지식인에 대한 아큐의 편견을 강화한다. 아큐는 남녀유별이나 불효에는 세 가지가 있으니 후손이 없는 것이 가장 크다(無後爲大)라는 맹자의 말씀도 알고 있다. 이와 같은 유가 전통에 대한 얄팍한 지식은 아큐의 자고자대(自高自大) 심리를 강화하는 한편으로 여성에 대한 차별적 인식을 심화시킨다. 더불어 전통적으로 유가사상이 남존여비(男尊女卑)의 관념이 강했다는 점을 상기한다면, 제4장 '연애의 비극'에서 보이는 작가의 다음과 같은 말은 아큐의 여성관이 어디에서 비롯되었는지를 확인해 준다.

> 중국 남자들은 대부분 성현이 될 수가 있었으나 애석하게도 모두 여자 때문에 실패하고 말았다. 상(商)나라는 달기(妲己)로 망하고, 주(周)나라는 포사(褒姒) 때문에 허물어졌다. 진(秦)나라도… 비록 역사에 명확히 기록된 것은 없지만 우리가 여자 때문이라고 가정해도 아마 전혀 틀린 말은 아닐 것이다. 그리고 한(漢)나라의 동탁(董卓)은 분명히 초선(貂蟬)에게 죽임을 당했다. (김시준 2008, 135)

미인을 지칭하는 표현으로 경국지색(傾國之色)이라는 말이 있다. 한(漢) 무제(武帝)의 신하 이연년(李延年)이 50세를 넘겨 쓸쓸한 만년(晩年)을 보내고 있던 무제에게 자신의 누이를 자랑하며 지은 시에서 비롯된 말이다. 무제는 이연년의 누이를 총애하여 능력이 부족한 그녀의 형제들을 등용하여 국가의 중대사를 맡김으로써 국가가 혼란에 빠진다. 경국지색의 의미는 나라를 기울게 하는 미모라는 뜻으로, 패망의 책임을 여성에게 전가하는 남성의 편의적 발상으로밖에 보이지 않는다. 상기 인용 부분 역시 남존여비의 관념이 강화되어 온 과정을 보여주는 기제임에 틀림없다. 이와 같은 방식으로 여성에 대한 차별적 인식이 강화되었으며, 아큐와 같은 무지성적(無知性的) 인물이 통례를 따르는 것은 당연하다.

> 모든 비구니는 틀림없이 중놈과 몰래 간통을 하며, 여자가 혼자서 바깥으로 나다니는 것은 틀림없이 남자를 유혹하려는 생각 때문이고, 남녀가 어디서고 둘이 이야기를 하는 것은 틀림없이 무슨 수작을 부리려 하는 것이다. (김시준 2008, 135)

여성에 대한 아큐의 인식이 문제적인 것은 남존여비 관념과 같은 유가사상의 내재화에서 한 걸음 나아가 여성 비하적인 면모까지 보이기 때문이다. 어느 날 또 한 번의 굴욕을 당한 아큐는 길거리에서 만난 비구니를 향해 재수가 없던 것이 그녀 탓이라고 생각하며 볼을 꼬집는다. 자기보다 사회적으로나 육체적으로 약한 비구니를 희롱함으로써 아큐는 자신이 당한 굴욕을 잊는 것이다. 강자에게 당한 굴욕을 자신보다 더 약한 약자에게 전가하는 방식은 분명 신분질서가 야기한 인간 사회의 등급화에서 비롯될 것이다. 이렇게 유가 전통이 만들어낸 남녀 차별과 등급질서는 아큐와 같은 최하층의 인물들뿐 아니라, 상층의 인물들 역시 지배하고 있다. 공동체의 모든 구성원을 지배하고 있는 남녀유별·이단 배척·무후위대·신식 지식인에 대한 편견 등의 통례는 국가적·민족적 생존을 위한 혁명의 필요성과 함께 그것의 어려움을 대변해 준다.

20세기 중국을 표현하는 어휘로 '혁명'만큼 적절한 것도 없다. 열강의 침략이 시작된 아편전쟁 이래 중국은 수많은 내우외환을 겪었으며, 이를 극복하기 위해 다양한 변화를 추구했다. 앞서 언급한 양무운동, 변법유신, 신해혁명, 5·4신문화운동을 비롯하여 1949년의 사회주의 국가 건설과 덩샤오핑(鄧小平)이 주도한 개혁개방 역시 일종의 혁명이라고 할 수 있다. 루쉰의 삶은 20세기 초반의 혼란기를 관통하고 있다. 청일전쟁, 의화단운동, 러일전쟁, 신해혁명, 각지에 난립한 군벌들의 혼란, 이권을 둘러싼 열강의 다툼 등은 루쉰을 비롯한 대다수 중국인의 삶을 피폐하게 만들었다. 앞서 언급한 것처럼, 루쉰은 신해혁명에 희망을 품고 중화민국 정부의 교육부 관료가 되지만 혁명은 그의 기대를 충족시키지 못했다. 작품에서도 확인할 수 있다.

전해 오는 소식에 의하면 혁명당이 성안으로 들어오긴 했으나 별로 크게 달라진 것은 없다는 것이었다. 지사(知事) 나으리는 그대로 관직에 있으면서 명칭만 고쳤을 뿐이고, 또한 거인 나으리도 뭐라는—이러한 명칭은 미장 사람들은 말해도 잘 모른다—관직을 맡았다고 한

다. 군대의 책임자도 역시 이전의 늙은 부대장이 맡고 있다는 것이다. (김시준 2008, 164)

관직의 명칭만 바뀐 혁명, 구 기득권층이 다시 관직을 맡는 혁명이 작품이 기록하고 있는 혁명이다. 신해혁명은 청나라의 멸망이라는 구체적인 성과를 가져온 것이 분명하지만, 혁명 이후의 중국에 근본적인 변화는 없다. 그래서인지 1930년에 쓴 〈좌익작가연맹에 대한 의견—3월 2일 좌익작가연맹 창립대회에서의 강연〉에서 루쉰은 혁명의 근본적 면모를 다음과 같이 피력한다. "혁명은 고통이고, 그 속에는 어쩔 수 없이 더러움과 피가 섞일 수밖에 없으니, 시인이 상상하듯 재미있고 아름다운 일이 결코 아닙니다. 혁명은 더욱이 현실의 일이고, 갖가지 천하고 성가신 일을 요구하니, 시인이 상상하듯 낭만적인 일이 결코 아닙니다. 혁명은 물론 파괴가 따르지만, 건설을 더욱 필요로 하며, 파괴는 통쾌하지만, 건설은 성가신 일입니다. 그러므로 혁명에 대해 낭만적인 환상을 품고 있는 사람은, 혁명에 가까이 다가서고 혁명이 진행되자 금방 실망하고 맙니다"(《노신전집》 4권 1998, 233).

혁명은 지식인들의 낭만적 상상과는 상관이 없다. 혁명이 광명과 출로를 제시할 수도 있지만, 포고(布告)상의 빈 소리에 그쳐버릴 가능성도 크다. 실제적인 투쟁과 괴리된 포고상의 혁명은 실제적이지만 성가신 일에 부딪히면 단박에 박살나 버리기 일쑤이다. "바로 어둡기 때문에, 출로가 없기 때문에 혁명을 하려는 것이지, 앞에 '광명'과 '출로'라는 보증서가 붙어 있어야만 용감하게 혁명에 뛰어든다면, 혁명하는 사람이기는커녕 그야말로 투기분자보다 못한 사람이다"(〈공산당 처형의 장관〉, 《노신전집》 4권 1998, 106). 〈아큐정전〉에 그려진 신해혁명은 투기분자들의 분탕질에 불과하다. 수많은 사람들의 희생을 낳은 분탕질이 루쉰에게 가져다준 유일한 성과는 두발의 자유였다. 일본에 도착하자마자 변발을 잘라버렸던 루쉰은 유학을 마치고 돌아왔을 때 첸 나리의 큰아들과 같은 존재로 받아들여졌다. 그러다 신해혁명 이후 변발을 자르거나 틀어 올리는 사람들이 많아짐으로써 변발의 부재를 터부시하는 사람들이 그나마 줄어들었기 때문이다. 이러한 정황에 대해 작품에서는 다음과 같이 표현되고 있다.

> 그러나 미장에도 개혁이 없다고 할 수는 없었다. 며칠 후 변발을 정수리로 둘둘 말아올린 자들이 차츰 늘어났다. 이미 말했듯이 가장 먼저 한 사람은 물론 수재 선생이었고, 다음이 자오쓰천과 자오바이엔이었으며 아큐는 그 다음이었다. 만약에 여름이라면 사람들이 변발을 머리 위에 틀어올린다거나 묶는다고 해서 별로 진기한 일로 치지 않았다. 그러나 지금은 이미 가을도 저물었으므로, 이것은 '가을에 섬머타임을 실시하는' 격이라, 머리를 틀어올리는 자들은 대단한 결단을 내린 것이라 하지 않을 수 없으며, 미장도 개혁과 무관하다고 말할 수 없다는 것이다.(김시준 2008, 165)

수많은 사람의 희생과 노력의 결과 중국에는 공화제 국가인 중화민국이 건국되었지만, 혁명이 개인에게 미친 변화는 겨우 두발의 자유 정도뿐이었다. 물론 이 또한 작은 변화라고 할 수는 없다. 만주족 국가인 청은 자신들의 두발문화인 변발을 강제하기 위해 많은 사람들을 죽였다. 강제적으로 시작된 변발문화가 정착되고 지속되면서 어느 누구도 거기에 대해 의문을 품지 않는 문화가 되었기 때문에 결코 작은 변화는 아닌 것이다. 물질적·제도적·체제적 혁명보다 월등하게 어려운 것이 사상과 문화 방면의 혁명임을 알 수 있는 대목이기도 하다. 그래서 루쉰은 〈'아큐정전'의 유래〉에서 다음과 같이 말할 수 있었던 것일지도 모른다.

> 민국 원년은 이미 지나갔으므로 뒤쫓을 수도 없지만, 이후로 만일 다시 개혁이 일어난다면 여전히 아큐와 같은 혁명당이 출현할 것이라고 나는 확신한다. 나도 사람들이 말하는 것처럼 내가 단지 현재 이전의 어느 한 시기를 써낸 것이기를 진심으로 바란다. 그러나 내가 본 것은 결코 현대의 전신(前身)이 아니라 이후의 일, 아니 2, 30년 뒤의 일이 아닐까 한다. (《노신전집》 3권 1998, 379)

신해혁명은 일찍이 루쉰이 경험해 보지 못한 희망을 가져다주었다. 그러나 베이징 이주 후 루쉰의 침묵은 상당 기간 지속되었다. 〈광인일기〉와 〈아큐정전〉은 침묵을 깨뜨리는 상징이었지만, 거기에는 미래에 대한 절망이 담겨 있다. 그만큼 혁명이 가져온 변화는 미약했다. 혁명의 과실은 그 정도에 불과했다. 혁명이 그 정도의 결과만을 가져온 원인은 무엇일까?

〈아큐정전〉의 가시적인 주제는 정신승리법이라는 기형적 심리에 대한 비판이지만, 심층적으로는 혁명이 미완에 그친 원인에 대한 분석이 핵심이다. 먼저 혁명을 주도적으로 이끌었던 신식 지식인과 권력층의 행위에 대해 살펴보자.

> 요 며칠 사이에 성안을 다녀온 사람들은 가짜 양놈 한 사람뿐이었다. 자오 수재도 옷 상자를 맡아 준 것을 근거로 내세워 직접 거인 나으리를 방문할 생각이었으나 변발을 잘릴 위험 때문에 중지하고 말았다. 그는 '정중한' 편지를 한 통 써서 가짜 양놈에게 부탁하여 성안으로 보내고, 또한 신정부의 자유당에 입당할 수 있도록 자신을 소개해 줄 것을 부탁했다. 가짜 양놈은 돌아와서 수재에게 은화 4원을 내놓으라고 했다. 수재는 복숭아처럼 생긴 은배지를 저고리 옷깃에 달았다. (김시준 2008, 166-167)

작품은 혁명을 이익을 추구하는 신식 지식인과 권력층의 야합으로 묘사하고 있다. 혁명당이 입성했다는 소식을 들은 자오 수재는 변발을 틀어 올리고 사이가 좋지 않았던 가짜 양놈을 찾아가 혁명을 모의한다. 그들은 고심 끝에 정수암(靜修庵)에 '황제 만세! 만만세!'라고 쓴 용패(龍牌)가 있다는 것을 떠올리고 떼버리려고 한다. 비구니가 나타나 방해하자 그녀를 만주 정부 편이라고 간주하고 구타해 버린다. 정수암에서 진행된 혁명의 결과는 용패가 부서진 것과 향을 피우는 향로 하나가 사라진 것뿐이었다. 인용문에서도 혁명은 미장의 권력자 자오 수재와 읍내의 권력자 거인 나리 간의 밀거래와 이를 통해 이익을 얻는 가짜 양놈의 연결고리를 파헤치고 있다. 이처럼 상층 권력자와 신식 지식인에게 혁명은 이익을 탐하는 기제일 뿐이다. 그렇다면 작품의 주인공 아큐와 수많은 대중에게 혁명은 어떤 의미일까? 우선 아큐에게 혁명은 놀이마당이자 훌륭한 구경거리이다.

> 아큐의 귀에도 혁명당이라는 말은 벌써부터 들려오던 터였다. 금년에는 혁명당원이 살해되는 걸 제 눈으로 보기도 했다. 그러나 그는 어디서 얻은 생각인지는 몰라도 혁명당이란 바로 반란을 일삼는 무리이며, 반란은 그에게 고난을 가져온다고 여겼다. 따라서 그는 줄곧 이를 '몹시 증오하고 미워'했다. 한데 뜻밖에도 100리 사방에서 그 이름을 떨치는 거인 나으리까지도 그토록 두려워한다니, 그로서는 '마음이 끌리지' 않을 수가 없었다. 게다가 미장의 어중이떠중이 연놈들까지 당황해하는 모습을 보노라면 아큐는 더욱더 유쾌해지는 것이었다. '혁명이란 것도 괜찮구나' 하고 아큐는 생각했다. (김시준 2008, 158)

아큐에게 혁명은 자신을 무시하던 권력자들을 두려움에 떨게 하고 어중이떠중이들을 당황하게 만드는 즐거운 일이다. 게다가 혁명은 경제적으로 궁핍한 그가 함부로 탐나는 것이나 마음에 드는 여성을 자기 것으로 만들 수 있는 좋은 기회이기도 하다. 그렇게 일장춘몽에 빠진 아큐는 정수암을 찾아가 혁명하러 왔다고 하지만, 혁명의 물결은 이미 정수암을 휩쓸고 가

버렸다. 그리고 그 동안 무시했던 가짜 양놈을 찾아가 혁명에 참여하겠다고 하지만 거절당한다.

〈아큐정전〉에 묘사된 혁명은 루쉰이 선망했던 것과는 거리가 멀다. 그러나 그것이 현실의 혁명이기도 했다. 루쉰은 분명 신해혁명에 상당한 희망을 품었지만, 이후 전개된 역사는 루쉰을 좌절시키기에 충분했다. 신해혁명은 얼마 지나지 않아 위안스카이(袁世凱)와 장쉰(張勛) 등에 의해 왜곡된다. 신해혁명의 주역이었던 쑨원(孫文)이 1924년에 혁명의 완수를 위해 북벌(北伐)을 진행하지만, 그는 1925년 병으로 사망한다. 궁극적으로 신해혁명은 좌절되었으며, 그것이 중국 사회에 가져온 변화는 권력집단의 변화와 루쉰이 말한 두발의 자유 정도뿐이었다. 신해혁명이 미완의 혁명으로 귀결된 원인은 우선적으로 가짜 양놈이나 자오 나리, 그리고 아큐와 같은 인물들의 혁명에 대한 몰이해라고 할 수 있다. 그러나 근본적인 원인은 한 순간의 혁명으로는 제아무리 많은 희생을 감수하더라도 개인의 사고와 습관을 바꿀 수 없다는 데 있을 것이다. 권력층과 그들의 지배전략만 바뀔 뿐인 혁명은 중국인의 오랜 전통과 관념을 바꿀 수 없다. 무엇보다 중요한 것은 사회의 변화와 발전을 위해 개개인이 자각적으로 참여해야 한다는 점이지만, 한 차례의 혁명을 통해 이를 이루어내는 것은 불가능하다.

이 때문에 가짜 양놈이나 자오 나리, 아큐 등보다 어중이떠중이 취급을 받는 대다수 주민들의 관념과 인식에 대한 이해가 중요하다. 이른바 루쉰의 작품 여기저기에 등장하는 구경꾼의 형상이다. 루쉰이 의학을 포기하고 문예에 종사하기로 결심한 결정적 이유 역시 구경꾼에 머물러있는 어중이떠중이들의 관념을 변화시키기 위한 것이었다. 〈아큐정전〉에서도 대다수 농민들은 아큐처럼 시끌벅적한 구경거리를 찾을 뿐이다. 그들에게 혁명은 생존을 위협하는 동란에 불과하며, 생존에 유익하기만 하면 무엇이든 상관없다. 아큐가 조리돌림과 총살형을 당한 후 성 안의 여론은 다음과 같다.

> 그러나 성안의 여론은 오히려 좋지 않았다. 그들의 대부분은 불만이었다. 총살은 목을 베는 것보다 재미가 없으며 더구나 어떻게 되어먹은 자인지 웃기는 사형수라는 것이었다. 그렇게 오래도록 거리를 끌려 돌아다니면서도 끝내 노래 한마디 못 부르다니. 그들은 헛걸음으로 따라다녔다는 것이었다. (김시준 2008, 180)

앞서 언급한 것처럼, 〈아큐정전〉은 굴욕감과 패배감을 자신보다 더 약한 약자에게 전가함으로써 정신 승리를 획득하고 만족하는 아큐의 왜곡된 심리를 반영하고 있다. 이는 분명 작품을 구성하는 핵심 요소이지만, 이것만으로는 루쉰의 의도를 모두 파악했다고 보기 어렵다. 루쉰의 궁극적 의도는 아큐와 같은 왜곡된 심리를 가진 대다수 중국인의 습성을 비판하는 동시에 그런 습성이 변하지 않는 한 중국의 변화는 불가능함을 밝히는 데 있다. 중국인의 습성과 관련하여 루쉰이 간취해 낸 중요한 특징 가운데 하나는 '구경꾼 심리'이다. 아큐가 자오 나리 댁 약탈 사건의 범인으로 몰려 처형을 당하는 것도 흰 투구를 쓰고 흰 갑옷을 입은 사람들이 한밤중에 자오 나리 댁을 약탈하는 사건을 어둠 속에서 구경했기 때문이다. 단순하게 말하면, 구경거리에 심취했던 아큐는 결국 자신의 죽음을 다른 사람들의 구경거리로 만들었다고 할 것이다. 이처럼 서로가 서로를 구경거리로 삼는 관계, 즉 사건의 진실이나 사람의 진면모보다 서로를 단순한 오락거리로 보는 관계가 루쉰이 파악한 중국 사회의 인간관계이다.

그래서인지 루쉰은 중국인은 영원히 연극의 관객에 불과하다고 하면서 그들이 볼 수 있는 연극을 없애버리는 것이 근본적인 치료책이라고 말하기까지 한다. 상당히 극단적인 견해이지만, 관객이 즐기는 연극과 연극이 상연되는 무대를 없애는 것이 근본적인 치료책임은 부정할 수 없다. 그렇지만 관객과 무대, 연극의 부재는 순수한 공허, 즉 역사의 부재를 말할 뿐이며, 그것은 불가능하다. 그렇기 때문에 루쉰은 사건의 희생양과 이를 구경거리로만 수용하는 군중의 관계를 다양한 방식으로 포착해 낸다. 혁명이든, 개혁이든 상관없이 결국 군중의 인식 수준을 높이는 것이 중요하기 때문이다.

루쉰의 글쓰기가 처한 어려움은 여기에서 비롯된다. 루쉰은 대중의 무지몽매함과 무감각·객체성 등의 습성에 좌절하면서도 그들에게서 다시 변혁의 씨앗을 찾을 수밖에 없다. 대부분의 경우 대중은 연극의 관객에 불과하며, 공연이 끝나면 왈가왈부 시끄럽게 떠들다 흩어지기 마련이다. 그러나 그런 대중만이 연극의 상연 여부를 결정할 수 있으며, 무대 자체를 뒤집을 힘도 그들에게 있다. 대중은 소수의 선각자와 대립각을 세우기도 하지만, 설령 대립각을 세운다 하더라도 대중의 부재는 바로 선각자의 절망만을 상징할 뿐이다. 국민성 개조와 같은 사상혁명을 촉구하는 루쉰과 같은 이들의 존재 근거는 바로 지속적으로 그들을 좌절시키는 대중이라는 존재이다. 이와 같은 역설적 관계에 대한 인식으로부터 비롯되는 것이 사상혁명이며, 그렇기 때문에 그 어떤 유형의 혁명보다 어려운 것이 사상혁명이다.

4 〈아큐정전〉의 현재적 의미와 문제제기

〈'아큐정전'의 유래〉라는 글에서 루쉰은 다음과 같이 말한다.

> 내 기억으로는 〈아큐정전〉이 한 단락 한 단락 연이어 발표되었을 때 여러 사람들이 그 다음에는 자기가 욕을 당하는 차례가 아닐까 두려워 벌벌 떨었다. 그리고 어느 한 친구는 내 앞에서 〈아큐정전〉의 어제 어떤 단락은 아무래도 자기를 욕하는 것 같다고 말했다. (《노신전집》 3권 1998, 378)

아큐가 왕털보와 벌이는 다툼, 소D나 비구니를 무시하는 장면, 자오 나리에게 얻어맞거나 무시하던 가짜 양놈의 지팡이에 얻어맞는 장면, 또 혁명에 참가하려 하지만 거부되는 장면 등은 작품의 해학성을 높이는 한편으로, 상기 인용문과 같은 효과를 내는 장치이기도 하다. 더불어 도둑 누명을 쓰고 형장의 이슬로 사라지는 장면은 아큐의 어리석음을 배가시키는 효과를 발휘한다. 작품이 개별 독자를 욕하는 듯하다는 상기 언급은 〈아큐정전〉 내 사건의 개연성과 인물의 전형성을 대변한다. 그렇다면 21세기의 독자들은 어떨까? 경전적(經典的) 작품이라고 한다면 시대와 장소를 불문하고 어느 정도 공감대가 형성될 수 있다는 점에서, 우리는 〈아큐정전〉을 통해 21세기 중국과 독자인 우리를 되비쳐 볼 수 있을 것이다. 아래 인용은 그런 효과를 의도한 장치이지 않을까 싶다.

> 이 찰나에 그는 또 한 가지 생각이 회오리바람처럼 뇌리에서 소용돌이쳤다. 4년 전, 그는 산기슭에서 굶주린 늑대 한 마리를 만났었다. 늑대는 가까이 오지도 않고 멀리 떨어지지도 않은 채 어디까지고 그의 뒤를 따라와 그의 고기를 먹으려고 했다. 그는 그때 무서워서 거의 죽을 것 같았다. 다행히 손에 도끼 한 자루를 들고 있었으므로 그것만 믿고 용기를 내어 간신히 미장까지 이르렀다. 그러나 그 늑대의 눈알은 영원히 기억에 남았다. 그것은 흉측하고도 무서웠으며 반짝반짝 빛나는 도깨비불처럼 멀리서도 그의 육체를 꿰뚫을 것만 같았다. 그런데 이번에 또 그는 여태껏 보지 못했던 더욱 두려운 눈을 보았던 것이다. 그것은 둔하고 날카로워 이미 그의 말을 씹어 먹었을 뿐 아니라

> 또 그의 육체 이외의 무엇인가를 씹어 먹으려는 듯이 언제까지고 멀지도 가깝지도 않게 그의 뒤를 따라오는 것이었다. (김시준 2008, 179)

상기 인용은 죄인이 타는 수레에 앉아 형장으로 가는 아큐를 둘러싼 군중의 시선에서 아큐가 떠올린 기억이다. 이 단락이 문제적인 이유는 구경거리를 찾는 군중의 시선이 지닌 폭력성을 함축하고 있기 때문이다. 군중의 시선은 흥밋거리에 집중되어 있을 뿐이지만, 그런 시선을 통해 진실이 은폐되거나 왜곡됨으로써 희생자를 다시 한번 희생시키는 결과를 낳는다. 작품을 하나의 사건으로 보고, 독자를 사건을 목격한 증인으로 삼아 상기 인용을 재독해 보면 독자의 정서적 불편은 가중되기 마련이다. 구경꾼의 시선에서 먹잇감을 찾는 늑대의 살기를 느끼는 루쉰의 감각은 독자들에게 충분히 불편함을 야기한다. 이런 장치로 인해 독자는 작품이라는 사건을 단순히 흥밋거리가 아닌 심층적 이해의 대상으로 삼게 된다. 어쩌면 루쉰은 독자의 안일함까지 꾸짖는 장치를 설정함으로써 독자로 하여금 자기 자신에 대한 분석에 이르게 하는 것인지도 모른다. 현실의 부조리를 경험한 독자가 스스로 문제점을 발견하고 해결해 나가도록 촉구하는 것이다. 그렇지 않은 독자라면 작품에 묘사된 구경꾼처럼 간접적 폭력에 동참하는 것이라는 메시지를 전달하고 있다고 보는 것은 억측일까?

분명 〈아큐정전〉은 문제적인 작품이다. 작품이 문제적이라 함은 독자가 처한 상황에 따라 제각기 다른 읽기가 가능함을 말한다. 연재 당시에도 독자의 불편을 야기했을 뿐 아니라, 작품에 대한 평가 역시 시대와 지역에 따라 다르다. 아큐의 정신승리법을 심리적 위안의 관점에서 접근한다면, 현재에도 쉽게 그런 모습을 찾을 수 있다. 그렇게 〈아큐정전〉은 우리 자신과도 연결된다. 20세기 초 중국의 상황과 중국인의 정신세계뿐 아니라 현재나 미래에도 있을 인간의 나약한 면모를 심층적으로 발굴하고 있는 것이다. 이와 함께 현재에도 지속되고 있는 여러 가지 사회문제에 대한 고발이라는 작품의 상징적 의미 역시 재고의 가치가 있다.

〈아큐정전〉의 배경인 미장은 계층질서가 명확한 사회이다. 그 가운데 아큐는 최하층에 해당하는 임시 고용농 신분이다. 작품이 발표된 시기로부터 100여 년이 흐른 현재의 중국, 특히 사회주의 중국에서 계층은 사라졌을까? 여느 사회에서나 나타나는 것처럼 고도성장이 야기한 사회문제는 빈부격차이다. 중국의 경우 동부 해안을 중심으로 경제성장이 진행되었기에 내부 농촌 지역이 상대적으로 빈곤하다. 이런 격차로 인해 발생하는 사회문제 가운데 하나가 도시로 계절노동을 떠나는 농민공(農民工) 문제이다. 그 수가 최소 1억 명 정도라고 하니, 가히 날품팔이 아큐의 전성시대이다. 그들은 주로 대도시에서 최하층 생활을 하며 일자리를 구한다. 일자리라고 해보아야 공사장의 막일이나 식당의 허드렛일 정도인 경우가 많으며, 숙식과 복지 차원에서 다양한 문제가 제기되고 있다. 더불어 산업재해로 인한 고통 역시 만만치 않은 것으로 보고되고 있다. 100여 년 전의 날품팔이 노동자 아큐가 도둑 누명을 쓰고 형장의 이슬로 사라졌다면, 21세기 날품팔이 노동자 농민공은 산업재해와 복리후생의 문제로 인한 고통을 호소한다. 차이라면 아큐의 신분이 유가 전통의 사회적 관념에서 규정되었다면, 21세기 농민공의 신분은 경제적 차이에서 비롯된다는 점이다. 아큐가 유가적 전통질서의 희생양이라면, 농민공은 경제적 가치를 중시하는 사회의 희생양이라고 할 수 있을 듯하다. 어쨌든 21세기 중국의 성장은 농민공과 같은 사회적 희생을 통해 가능했다.

21세기 중국은 개혁개방 이후 G2로 부상했다. 100여 년에 걸친 시련을 겪고 단단해질 대로 단단해진 중국이 향후 어떤 면모를 보일지는 쉽게 예상하기 어렵다. 분명한 것은 현재의 중국은 수많은 아큐들의 희생을 통해 성장했다는 것이며, 앞으로도 그런 희생은 허다할 것이라는 점이다. 마오쩌둥(毛澤東)이 중화인민공화국의 건국을 선포했던 톈안먼(天安門) 누각은 역대로 수많은 희생자들이 흘린 피와 땀의 결과물이다. 희생자 가운데는 아큐와 같은 인물들도 있을 것이며, 루쉰과 같은 선각자들, 자오 나리나 가짜 양놈과 같은 사람들도 있을 것이다. 중요한 것은 희생이 살아남은 자들의 가슴에 묻혀 영원히 기억되어야 한다는 점이다. 희생자에 대한 자각과 기억을 통해서만 중국은 보다 건강한 발전을 이룰 수 있을 것이다.

이와 관련하여 루쉰의 언급은 다시 한번 주의를 요한다. 〈수감록 38〉이라는 글에서 그는 "승리했다면 나도 군중 속의 일원이므로 자연히 승리하게 된다. 패배했다면 군중 속에는 수많은 사람이 있으므로 꼭 내가 손해 볼 필요는 없는 것이다"고 군중심리의 특징을 밝힌다. 마오쩌둥의 사회주의혁명은 충분히 승리의 찬가를 부를 만하다. 그러나 승리에 도취된 나머지 정신적 각성과 관념의 변화, 즉 사상혁명의 필요성에 대해서는 무관심한 듯하다. 강화되고 있는 애국주의 열풍과 그에 따른 폐쇄적 경향은 중국

부활의 진정한 조건은 아닌 듯하다. 작품에서도 이러한 흐름을 예감한 듯, 다음과 같이 경고를 보내고 있다.

> 사람들이 말하길—어떤 승리자는 적수가 호랑이나 매처럼 사납기를 원하며 그래야만 승리의 기쁨을 느낀다고 한다. 가령 양이나 병아리 같다면 도리어 승리의 허무함을 느낀다고 한다. 또 어떤 승리자는 모든 것을 정복하고 난 후에, 죽을 사람은 죽고 항복할 사람은 항복하고 나서 "신이 황공하옵고 황공하옵게도, 죽을 죄를 지었나이다. 죽을 죄를 지었나이다"라고 하는 것을 본다. 그렇게 되면 그에게는 적도 없고, 적수도 없고, 친구도 없고 오직 자신만이 높은 자리에 홀로 있게 되어 외롭고, 처량하고, 적막함뿐, 오히려 승리의 비애를 느낀다고 한다. 그러나 우리의 아큐는 그렇게 무능하지 않다. 그는 영원히 만족해할 것이다. 이건 어쩌면 중국의 정신문명이 전 세계에서 가장 뛰어나다는 하나의 증거일지도 모른다. (김시준 2008, 133)

참고 문헌

- 《魯迅全集》. 3·4·7권. 人民文學出版社, 1998.
- 汪暉.《無地彷徨》. 浙江文藝出版社, 1994.
- 李毆梵.《鐵屋中的吶喊》. 河北教育出版社, 2002.
- 《루쉰소설전집》. 김시준 옮김. 을유문화사, 2008.
- 〈광인일기〉.《루쉰전집》. 제2권. 루쉰전집번역위원회 옮김. 그린비, 2010.
- 〈아큐정전〉.《루쉰전집》. 제2권. 루쉰전집번역위원회 옮김. 그린비, 2010.

더 읽어보기

고점복.《루쉰의 아큐정전 읽기》. 세창미디어, 2014.

다케우치 요시미(竹內好).《루쉰》. 서광덕 옮김. 문학과지성사, 2003.

왕샤오밍.《인간 루쉰》. 이윤희 옮김. 동과서, 1997.

중국현대문학학회 편.《노신의 문학과 사상》. 백산서당, 1996.

조지훈 시집

지사의 풍모와 시인의 혜안

김종훈

1 조지훈의 생애와 《조지훈 전집 1 시》

조지훈(趙芝薰, 1920~1968)은 '청록파' 동인의 일원으로 전형적인 한국 현대시의 모습을 형성한 시인 중 한 명이다. 그는 분단 이후 남한 시단의 중심에서 활발히 활동하였고, 그의 시는 중고등 교과과정 교과서에 지속적으로 소개되었다. 조지훈은 또한 명분에 어긋나는 정치 현실에 대해 비판적 발언을 서슴지 않았던 지사의 모습으로 당대 청년에게 큰 영향을 끼쳤다. 시인으로서의 모습과 지사로서의 모습은 서로 상반된 것처럼 보이기도 한다. 청록파의 이상적 자연 안에서는 현실 비판적 목소리의 개입이 불편하게 여겨지기 쉬우며 현실의 비판적 담론 내에서는 이상적 자연의 형상이 현실 도피적인 발언으로 여겨지기 쉽다. 조지훈 시의 개성은 각자 고유한 영역을 지키되 그 특성이 교차하며 영역을 넓히는 부분에서 찾을 수 있다. 이 글은 그의 생애와 시집을 참고하여 이 시대에 필요한 덕목이 그간 도외시했던 조지훈의 시적 개성과 관련되어 있음을 살피고자 한다. 그의 시를 집대성한 《조지훈 전집 1 시》는 전체적인 시적 이력과 다양한 시적 개성을 파악하는 데 도움을 줄 것이다.

조지훈은 1920년 음력 12월 3일 경북 영양군 일월면에서 조헌영(제헌 및 2대 국회의원, 6.25 납북)과 유노미의 3남 1녀 가운데 차남으로 출생했다.* 일찍이 그는 조부 조인석에게서 한문을 수학하고, 영양보통학교에 다녔다. 전통적인 유교 집안인 조지훈의 일가는 난세에 고난을 겪는다. 6·25 때 조부 조인석은 마을의 풍속이 더럽혀지는 것을 염려하며 자결하였으며 모친 또한 유명을 달리했고 한약사이던 부친은 납북되었다. 한국 현대사의 비극은 중앙과 지역을 가리지 않고 꼼꼼하게 사람들을 궁지에 몰아넣었다. 조지훈의 시에 전통적인 정신에 대한 애정과 현실 참여의 목소리가 겹쳐 들리는 것은 그에게 계승된 한학과 지사의 전통과 무관하지 않을 것이다.

조지훈의 시 창작은 15세 때부터였다. 일찍 세상을 뜨기 전 시를 창작한 친형 세림 조동진의 영향을 받았던 것인데, 정규 교육을 받지 않는 대신 그는 서양철학서를 탐독하거나 현대시를 창작하는 것으로 서구의 문화를 접했다. 처음 상경하여 오일도가 운영하는 시원사에 머물며 인사동에서 고서점 일월서방을 열었던 것이 16세 때였다. 일월서방은 이후에 일월서적 출판사 운영으로 이어졌다. 이때 조선어학회 일에 관여했는데, 이는 그가 한국학 연구에 매진하는 시기에 국어학 연구를 병행한 것과 연관된다.

그가 시인으로 이름을 올린 것은 1939년 《문장》 3호에 〈고풍의상〉이 처음 추천되었을 때였다. 3회 추천이 되어야 등단 절차가 마감되는 당시 문예지의 관행에 따라 2회 때 〈승무〉, 이듬해 3회 때 〈봉황수〉와 〈향문〉을 발표하며 소정의 추천 절차가 완료된다. 1941년 그는 혜화전문학교를 졸업한 뒤 오대산 월정사 외전 강사를 맡아 경성을 떠났는데, 일제의 노골적인

* 시인의 생애는 《조지훈 전집 3 문학론》(나남출판, 1996)의 '시인 연보'와 《조지훈 시선》(정음사, 1956)의 〈후기〉 등을 참조하여 재구성하였다.

타계 후 서랍에서 발견된 친필
시집 원고 〈지훈시초〉 표지

수탈 정책이 심해질 무렵 등단 지면인 《문장》 또한 폐간되어 시국을 한탄하며 통음하고 졸도하기도 한다. 소식을 듣고 부친이 그를 데리고 경성으로 왔으나 곧 그는 조선어학회 사건에 연루되어 심문을 받게 된다. 이때가 1942년이다. 1945년 광복까지 엄혹한 시간이 이어지는데, 침잠의 시간 동안 그는 단독 시집 《지훈시초》를 기획하고 원고를 노트에 정서해 놓는다. 이 시집은 발간되지는 못한 채 그의 서랍 속에서 유고로 발견된다.

시집의 저자로 처음 이름을 올린 것은 박목월, 박두진과 함께 3인 동인 시집 1946년 《청록집》에서였다. 이들은 분단 이후 남한 문단에서 중요한 위치를 점유하면서 한국 시의 주류를 형성하는 데 크게 기여한다. 조지훈은 해방 정국에 문학가청년협회의 논객으로 활동하며 여러 학교에 강의를 진행하다 1948년 고려대학교 국어국문학과 부임하였고 생을 마감할 때까지 한 직장에 재직했다. 두 번째 시집 《풀잎단장》이 나온 해는 전쟁이 고착기에 접어들 무렵인 1952년이었다. 이후 1956년 《조지훈 시선》(정음사)이 발간되는데, 자선 시선집임에도 불구하고 미발표작이 많이 실려있어 이를 통해 그의 전반기 시의 이력을 조망할 수 있게 되었다.

1957년 즈음 조지훈은 시뿐만 아니라 논설 등으로 자신의 발표 영역을 넓혔다. 자유당 정권의 독재에 맞서 대정부 비판의 목소리를 높이는 한편 시 창작에서도 그와 같은 비판적 목소리가 개입하였다. 1959년에 발간한 《역사 앞에서》는 이전의 서정적 목소리와 함께 비판적 지성이 개입된 목소리가 함께 들리는 시집이었다. 이와 같은 경향은 1960년 4·19 때 시위 학생을 격려한 것과 교수 대표로서 지지 성명을 발표한 것으로 이어졌다. 1964년 즈음 그는 고려대학교 민족문화연구소 초대 소장을 역임하면서 민족문화학에 대한 깊은 관심을 드러냈다. 마지막 단독 시집 《여운》이 발간된 것도 이 즈음이었는데, 평소 앓고 있던 지병 기관지염 악화로 1968년 5월 그는 영면에 들게 된다. 살아있는 동안 동인 시집은 청록집 한 권, 단독 시집은 선집까지 포함하여 4권이 발간되었고 사후 한 권의 미발간 시집 원고가 발견되었다.

1973년 그가 세상을 뜬 뒤 5년 뒤 제자들이 주축이 되어 《조지훈전집》(일지사)이 총 7권 규모로 발간되었다. 이 전집은 《청록집》을 저본으로 삼았다는 데 특징이 있다. 한 편의 시가 《청록집》과 다른 시집에 동시에 실린 경

고려대학교 박물관 주최
조지훈 탄생 백주년 기념 특별전 포스터

우 세부 형태는《청록집》을 따랐다는 것이다. 두 번째 전집은 1996년 나남 출판에서 9권 규모로 발간된다. 이 글의 대상 텍스트이기도 한《조지훈 전집 1 시》(나남출판, 1996)는 일지사 전집과 달리 1956년 정음사에서 발간한《조지훈 시선》을 저본으로 삼는다. 시인 생전에 자신이 직접 시를 고르고 다듬은 마지막 시집이 기준인 것이다.

2 신고전주의 탄생
—《문장》 등단 시기(1939-1940)

조지훈의 등단 지면은《문장》이다. 1920년대 동인지 시대를 지나 1930년대 문예지 시대를 거치는 동안 카프가 해체되고 중일전쟁이 발발한다. 식민지 조선이 암흑으로 번졌던 때가 1930년대 말 1940년대 초였다.《문장》지는 엄혹했던 시대를 배경으로 창간된 종합문예지였다. 시의 편집 위원은 정지용이었으며 소설 편집 위원은 이태준이었고 시조 편집위원은 이병기였다. 정지용이 '바다시'의 모더니즘 시를 1936년《정지용시집》으로 갈음한 뒤 '산수시'의 동양 정신에 침잠했고, 이태준이 의고적인 대상으로 자신의 창작 세계를 공고히 할 때가 이 시기였다. 이병기는 당대 시조의 현대화에 작품성으로 크게 기여한 시인이었다. 이들 세 사람이 주축이 된《문장》의 지향점은 고전의 현대화라고 요약할 수 있을 것이다. 개인적인 취향의 공동체라기보다는 당대 시대 정신을 찾으려 했던 일군의 문인들이 모색하여 제시한 결과가《문장》이었다.

《문장》은 매달 발행하였으며 1939년에 창간하고 1941년에 폐간되었다. 짧은 발행 기간이었으나, 대부분의 문예지가 폐간되었거나 친일 매체로 전락했던 실정에 비추어 볼 때, 유력한 문인들이 편집을 맡았던《문장》의 위상은 발행 기간과 관계없이 상당히 높았다. 시에서는 정지용이 신인 추천을 처음부터 끝까지 담당하며 당시 문단의 중심으로서의 위상을 확고히

했다. 문장에 처음 추천받은 신예는 김종한과 조지훈, 황민이었다. 이들은 당대《문장》이 지향한 문학적 방향성인 고전주의의 압력을 어느 정도는 감지했을 것이다. 잠시 정지용의 말을 들어보자.

> 조지훈군 〈화비기〉도 좋기는 하였으나 너무도 앙징스러워서 〈고풍의상〉을 취하였습니다. 매우 유망하시외다. 그러나 당신이 미인화를 그리시랴면 이당 김은호 화백을 당하시겠습니까. 당신의 시에서 앞으로 생활과 호흡과 연치(年齒)와 생략이 보고 싶습니다.
>
> (정지용, 〈시선후에〉, 《문장》 3권 4월, 132쪽)

조지훈에 대한 짤막한 언급에는 주목할 만한 부분이 여러 곳 있다. 우선 〈화비기〉와의 비교가 이뤄진다. 둘 중 〈고풍의상〉을 선택한 까닭이 무엇인지 궁금증을 유발한다. 또한 김은호를 언급하면서 이 시가 그림 그리듯 묘사로 이뤄졌다는 것을 언급한다. 그런데 그것만으로는 선자의 성에 안 차는 듯 '생활', '호흡', '연치'와 '생략' 등을 강조한다. 막연하고 서툰 감정의 범람을 경계하라는 뜻으로 읽힌다. 체험을 경유하지 않은 서양의 사조, 소년의 추상적인 사유 등이 언어로 표현되는 것이 경계의 대상에 속할 것이다.

> 초마 끝에 곱게 감춘 운혜(雲鞋) 당혜(唐鞋)
> 발자취 소리도 없이 대청을 건너 살며시 문을 열고

그대는 어느 나라의 고전(古典)을 말하는 한 마리 호접(蝴蝶)
호접(蝴蝶)인양 사푸시 춤을 추라 아미(蛾眉)를 숙이고……*

(〈고풍의상(古風衣裳)〉 부분)

나어린 소녀에게 義로운 피를 잃고 이름도 모를 屈辱에 값싼 웃음을 파는 賣春婦, 나는 貴族令孃의 淫樂의 奴隷란다. 하이얀 電燈을 부수고 하늘빛 구슬을 빨자. 얼굴을 빨면 푸른 靜脈이 動脈이 된다. 바다가 된 陸地다. 破船된 寢室이다. 情熱이 過剩되면 생활은 모자라 슬픈 刺戟은 한밤의 悲劇을 낳는다. 나는 대체 죽었느리라. (〈화비기〉** 부분)

〈고풍의상〉은 한옥의 처마와 한복의 이미지를 겹쳐 놓은 시편이다. 운혜, 당혜, 대청, 호접, 아미 등 고전적인 어휘를 고르느라 고심한 흔적이 여기저기에서 보인다. 주목할 것은 일인칭 내면을 드러내는 데 거리낌이 없는 장르인 시인 데에도 화자의 내면이 좀처럼 드러나지 않는다는 점이다. 오히려 '앙증맞은' 데가 있는 〈화비기〉에서 그와 같은 내면의 풍경을 감지할 수 있다. 자기 자신을 "귀족영양의 음악의 노예"라고 하고 "전등을 부수구 하늘빛 구슬을 빨자"고 권유하는 대목은 모두 〈화비기〉에 있다. "슬

* 이 글의 인용시 출처는 《조지훈 전집1 시》(나남출판, 1996)이다. 전집에 한자가 노출된 경우 이 글에서는 한글로 바꾼 뒤 한자는 괄호 안에 표시했다.

** 화비기가 전집에는 '화련기'로 실렸다. 이는 1973년 일지사 전집에서 실린 형태를 따른 것인데, 정지용의 언급을 참조할 뿐만 아니라 육필시고를 확인해 보면 '화비기'가 맞다.

픈 자극"이 "한밤의 비극"을 낳고 이윽고 "나는 대체 죽었느니라"라고 하는 진술 또한 〈화비기〉의 것이다.

앞서 확인했듯 정지용은 〈시선후〉에서 묘사에 그치지 말고 시인의 정신과 호흡을 적극적으로 드러내라고 요청했다. 그런데 내면의 감정이 드러낸 다른 시는 선택하지 않고 묘사 위주로 쓴 시를 선택하여 추천하였다. 두 가지 배제의 원인을 추정할 수 있을 것이다. 첫째 〈화비기〉의 내면보다는《문장》의 지향점에 부합하는 〈고풍의상〉의 전통이 맘에 들었던 것이다. 둘째 〈화비기〉의 내면이 그가 요청한 생활, 호흡, 연치의 의미와 포개지지 않는다는 것이다. 서구의 낭만적 감정에 충만한 표현은 정지용이 권고한 생활에서 우러나오는 감정이라기보다는 학습을 통해 습득한 감정으로 여겨졌을 가능성이 높다. 정지용은 조지훈에게 생활의 감정 노출과 전통과 고전의 반영 두 가지 과제를 안겨주었다.

까만 눈동자 살포시 들어
먼 하늘 한 개 별빛에 모두오고

복사꽃 고운 뺨에 아롱질 듯 두 방울이야
세사에 시달려도 번뇌는 별빛이라.

휘어져 감기우고 다시 접어 뻗는 손이
깊은 마음 속 거룩한 합장인 양하고

이 밤사 귀또리도 지새는 삼경(三更)인데
얇은 사(紗) 하이얀 고깔은 고이 접어서 나빌네라 (〈승무(僧舞)〉 부분)

〈승무〉는 두 번째 추천작이자 조지훈의 대표작이다. 전통적 소재와 관련해서는 〈고풍의상〉 한 편밖에 쓰지 않았던 조지훈은 다른 시로 투고를 했으나 추천까지 이어지지 않았다. 작심한 듯 그는 수원의 용주사에 3개월 정도 기거하며 작품 하나를 쓰게 되는데, 그것이 〈승무〉이다. 인간의 몸을 예술의 질료로 사용했다는 점에서 현실과 예술이 동시에 고려된 시가 〈승무〉이다. 전통적인 소재를 취하며 정지용의 암묵적인 요청에 응답하는 면이 있지만 그렇다고 그것이 또 다른 요청 사항인 '생활의 호흡'을 반영했다고 보기에는 어려운 면이 많다. 예술은 여기에서 종교적인 의미까지 내포한다. "세사에 시달려도 번뇌는"과 같이 현실의 한계를 나타내는 구절과 "별빛이라"와 같이 예술성을 상징하는 구절이 동시에 나타난다. 여승은 승무를 끝내고 현실로 돌아오지만, 정지용은 이 시를 추천한 후 다음과 같은 후기를 남긴다.

조지훈군. 언어의 남용은 결국 시의 '에스프리'를 해소식히고 마는 것이겠는데 언어의 긴축 절제 여하로써 시인으로서 일가를 이루고 안 이룬것의 일단을 엿볼 수 있는 것일줄로 압니다. 그러나 이런 詩作的 생장과정은 年齒와 부단한 습작으로서 자연히 발전되는 것이요 日朝의 老成然으로 되는 것은 아닙니다. 언어의 多彩 多角 미묘 곡절 이러한 것이야말로 청춘시인의 美質의 散火가 아닐 수 없습니다. 청년 조군은 시의 장식적인 일면에 향하여 얼마나 찬란한 打開를 감행한것일지! 그러나 시의 미적근로는 구극에 생활과 정신에 경도할 것으로 압니다. (정지용, 〈시선후〉 부분)

정지용은 언어의 긴축과 절제를 강조하며 언어를 내용 전달의 수단으로 쓰기보다는 그것이 지닌 음가의 가치를 존중하는 것이 중요하다고 말한다. 언어의 다채, 다각 미묘, 곡절, 그리고 찬란한 타개과 같은 말은 이와 같은 맥락에서 출현한 것이다. 그런데 정지용은 아직 자신의 요청이 완수되지 않았다는 듯 마지막 아쉬움을 덧붙인다. 장식에 대한 천착뿐만 아니라 '생활과 정신에 경도'가 있어야 한다는 것인데, 이는 앞선 1차 추천 때 덧붙인 말과 같은 맥락에 놓인다. 〈승무〉에서의 현실은 이상향과 대비된 것이지만 이를 '한계'라고 말할 수 있을지언정 '생활'이라고 말하기는 어렵다고 판단했던 것 같다. 더욱이 개인의 감정을 환기하는 대목은 화자보다는 여승에게 양도되어 있다. 정지용은 직접적으로 주체의 생활을 반영하는 목소리를 요청했던 것이 아닐까. 전통적 소재는 유지되었고 언어의 조탁은 향상되었으나 생활의 반영은 아직 미흡해 보였던 것이다.

큰 나라 섬기다 거미줄 친 옥좌(玉座) 위엔 여의주(如意珠) 희롱하는 쌍룡(雙龍) 대신에 두마리 봉황새를 틀어 올렸다. 어느땐들 봉황이 울었으랴만 푸르른 하늘 밑 추석(甃石)을 밟고 가는 나의 그림자, 폐옥(佩玉) 소리도 없었다. 품석(品石) 옆에서 정일품(正一品) 종구품(從九品) 어느 줄에도 나의 몸둘 곳은 바이 없었다. 눈물이 속된 줄을 모를 양이면 봉황새야 구천(九天)에 호곡하리라. (〈봉황수(鳳凰愁)〉 부분)

성터 거닐다 줏어온 깨진 질그릇 하나
닦고 고이 닦아 열오른 두볼에 대어 보다.

(…)

꽃밭에 놓고 이슬 받아 책상에 올리면
그밤 내 베갯머리에 옛날을 보리니
옛날을 봐도 내사 울지 않으련다. (〈향문(香紋)〉 부분)

마지막 3차 추천작은 1940년 4월로 완료된다. 추천 완료 시간이 다른 시인보다 상당히 길었다. 그와 같이 1차 추천을 받은 김종한도 그보다 늦게 추천을 받은 박목월도 이미 추천이 완료된 후였다. 해당 작품은 두 편 〈봉황수〉와 〈향문〉이다. 고전과 전통의 영역 내에 있는 소재를 취한 것들인데 이는 등단지의 지향에 부응하는 것이면서 동시에 훗날 조지훈의 시적 개성으로 인식하게 하는 것들이었다. 〈향문〉의 경우 '질그릇 향의 무늬'를 언어로 형상화하려는 시도이다. 언어로 개념화하기 이전의 형상을 언어로 표현했다는 점에서 〈향문〉은 〈고풍의상〉이나 〈승무〉를 연상케 한다. 참고로 이 시는 등단작 중 유일하게 《청록집》에 실리지 않는다. 그러나 이 시는 앞의 추천작과는 달리 개인의 감정을 그대로 노출하고 있다는 점에서 주목을 요한다. 스러진 역사에 주목하는 것은 앞의 시들과 같지만, 이들과 다르게 〈향문〉에서는 거기에 볼을 대보고, "옛날을 봐도 내사 울지 않으련다"라는 식의 감정을 노출한다. 정지용이 요청했던 생활과 정신의 투영이 일인칭 주체의 내면 감정을 드러내는 방식으로 형상화되었다고 이해할 수 있는 것이다.

개인의 감정 노출은 〈봉황수〉에서 더욱 극적으로 드러난다. 고전적인 소재를 취하는 것을 넘어 왕조의 몰락이라는 역사적 사건이 환기되며, 여기에 "어느땐들 봉황이 울었으랴만" "봉황새야 구천(九天)에 호곡하리라"와 같이 망국에 대한 개인의 감정이 그대로 노출된다. 일제 식민지에서 검열의 경계선에서 조지훈은 자신의 감성을 표현한다. '생활과 정신'이라는 정지용의 요청은 여기에서 어느 정도 구현된 듯하다. 정지용은 이번 〈시선후〉에 '열한 달 만의' 등단을 축하하며 엄격하게 대했던 말들에 대해 양해를 구한다.

趙君의 회고적 에스프리는 애초에 名所古蹟에서 揑造한 것이 아닙니다. 차라리 고유한 푸른 하늘 바랑이나 고매한 磁器 살결에 무시로 去來하는 一抹雲瑕와 같이 자연과 인공의 극치일가 합니다. 가다가 명경 지수에 細雨와 같이 뿌리며 나려앉는 悲哀에 artist 趙芝薰은 한머리 白鷺처럼 도사립니다. 詩에서 것과 쭉지를 고를 줄 아는 것도 天成

의 기품이 아닐 수 없으니 詩壇에 하나 〈新古典〉을 소개하며……쁘라 보우! (정지용, 〈시선후〉)

정지용은 조지훈의 시에 찬사를 아끼지 않는다. 특별히 주목할 것은 '회고적 에스프리' '자연과 인공의 극치' '천성의 기품' '신고전'과 같은 말이다. 시에 등장하는 고전적 소재는 여기에 '에스프리'나 '천성의 기품' 같은 뜻이 가미되어 '자연'이나 '회고' 그리고 '신고전'으로 수렴되었다. 조지훈은 근 1년 동안 《문장》의 추천 과정을 겪으며 고전적 소재에 천착하는 한편, 서양의 낭만적 정서를 자제하고 생활과 역사에 기반을 둔 현실에 대한 정서 표현 방식을 단련한다. 이제 막 개성적인 시적 목소리를 내기 시작한 조지훈은, 그러나 당대를 살았던 여느 시인과 마찬가지로 암울한 미래를 맞이할 수밖에 없었다. 친일을 하거나 아니면 붓을 꺾어야 하는 현실에서 시를 발표할 기회는 없었다. 상당 기간 침묵의 시간이 그를 기다렸다.

3 주류 서정시의 형성
—《청록집》 발간 전후(1941-1949)

《청록집》은 을유년 광복을 기념하고 새로운 시대적 소임을 다하고자 창립한 을유문화사에서 1946년 발간되었다. 이 출판사는 몇 명의 문인, 자본가들이 합세하여 만들었는데, 여기에는 윤석중과 조풍연도 포함되었다. 이들은《문장》의 아동문학을 담당하거나 편집장 일을 맡았던 이들이다. 5년 전에 폐간된《문장》이 을유문화사의 초기 방향성 설정에 영향력을 행사했다고 짐작하는 것은 무리가 아닐 것이다. 을유문화사 안에는 아동문학가협회가 있었고 실무는《문장》 출신이자 후에 청록파의 일원이 되는 박두진이 맡았다. 조풍연과 박두진 등은 그동안《문장》 출신의 '중고 신인'을 위하여 공동 시집을 기획한다.《문장》에서는 6명 정도의 시인이 배출되었는데, 김종한은 이미 요절하였으며, 이한직은 아직 학병에서 돌아오지 못했고, 박남수는 월남하기 전이었다. 남은 시인은 박목월, 박두진, 조지훈이었다. 이들은《문장》 출신이라는 공통점 외에 자연을 배경으로 시를 창작했다는 공통점을 가지고 있었다. '청록집'의 청록은 자연을 상징한다.

'청록집'의 명칭과 관련해서는 정지용의 두 번째 시집《백록담》과 연관할 수 있을 것이다. 을유문화사는 이제 시작하는 시집 시리즈를 널리 알리기 위해《문장》의 시 추천위원이었던 정지용의 시집 발간을 먼저 기획한다. 실제 그의 시집《지용시선》이《청록집》 발간 일주일 전에 발간되는데 이 시선집은 새로운 시집이 아니라 기존의 시집《정지용 시집》과《백록담》의 선집이었다. 여기에서 주목할 것은《백록담》의 '백록'이다. '백록'이 원숙의 의미를 지니고 있다면 '청록'은 참신의 의미를 지닌다(유성호 2020, 332-335 참조). 세 명의 공동 시집 이름을 짓는 데에는 이 '백록'의 영향이 컸다.

한편 신고전과 역사적 현실에 대한 주체의 감응을 자신의 시적 개성으로 벼렸던 조지훈이었다. '청록'이 환기하는 자연과 거리가 있는 것이라 여길 수 있는데, 그의 시는 두 가지 차원에서 자연과 관련된다. 첫째, '청록'이라는 자연이 전원적 풍경을 환기할 뿐만 아니라 해방 공간의 좌우 대립의 국면에서 현실 정치를 반영하는 좌익의 반대 의미를 띠고 있다는 점이다. 조지훈은 문학가 동맹에 맞서 문학가청년협회의 논객으로 활약했다. 자연을 강조하여 이념을 제거하는 것은 좌익의 문학을 우회적으로 비판하는 맥락을 지녔다. 즉 참여의 반대편에 순수를 설정하고 순수를 자연으로 상징하게 했으며 그 자연을 청록으로 비유했다는 것이다. 둘째, 조지훈은 등단 이후 1941년 오대산 월정사로 들어가 외전 강사 일을 맡는데, 자연 속에서 쓴 시들은 그가 스스로 표현했듯 '서경의 자연시'의 성격을 지닌다는 점이다. 외전 강사 시기에 쓴 6편 중 절반이 《청록집》에 실은 12편에 속한다. 〈고사 1〉, 〈고사 2〉, 〈산방〉이 해당 시편인데 이들은 지금까지 조지훈의 대표작으로 불린다. 월정사에서 나온 직후에 쓴 시들, 가령 1943년의 〈낙화〉나 1942년의 〈완화삼〉과 같은 시까지 고려하면 '자연을 노래한 시인 조지훈'의 호명은 그가 지향했던 시 세계와는 별개로 그릇된 인식은 아닐 것이다.

청록파 동인, 박목월과 박두진과 조지훈은 분단 이후 서정주, 유치환 등과 함께 남한 시단의 주류를 형성하게 된다. 특히 시단뿐만 아니라 대학에서 제자들을 양성하게 되었는데 박목월은 한양대학교 박두진은 연세대학교 조지훈은 고려대학교에서 후학을 양성하며 상당한 영향력을 행사한다. 지금도 우리가 현대시, 하면 떠올리는 전형적인 이미지를 구축하는 데 이들의 영향력은 크다고 할 수 있다.

> 그가 고대에 전임으로 오게 된 직접적인 동기의 하나도 실은 어느 사적인 자리에서의 좌경 지식인과의 그의 논쟁이 마침 그 자리에 있었던 당시의 고대 문과대학장 이종우교수(고대 총장)에게 깊은 감명을 준 우연한 사실이었다. 당시 지훈이 누구인지를 몰랐던 이 교수는 그의 광범한 철학 내지 사회과학의 지식과 예리하고 논리적인 이론 전개에 감탄하여 〈저 사람이 누구냐?〉고 옆에 있었던 사람에게 물었던 모양이다. 〈조지훈이라는 시 쓰는 사람〉이라는 말 을 듣고 〈젊은 시인이 언제 저렇게 광범한 지식을 가지게 되었으며 어떻게 저렇게 날카로운 논리를 구사할 수 있을까?〉 하고 놀랐다는 말을 이 교수는 뒤에 한 적이 있다. (김종길, 〈조지훈론〉, 《시에 대하여》, 267쪽)

조지훈과 고려대학교가 인연을 맺은 시기는 《청록집》 발간 이후 얼마 안 지나서이다. 1948년 부임했는데, 그 일화가 상당히 인상적이다. 동향 후배이자 당시 대학원생이었던 김종길 시인의 회고에 따르면 그의 부임은 우연히 술자리에서 좌익 세력과 벌어진 논쟁에서 비롯되었다. 이후 김종길은 이종우 교수와 구자균 교수의 전갈을 조지훈에게 전달한다. 뜻밖의 소식을 전해 들은 후, 고려대학교와 인연이 없었던지라 조지훈은 숙고 후에 그 제안을 받아들이게 된다. 그 후 그는 고려대학교 국어국문학과의 현대문학을 담당하면서 후학을 양성한다.

다시 동인 세 명을 자연이라는 키워드로 수월하게 묶는 데 기여한 월정사 체류시 시편과 그 이후의 시편으로 돌아가자. 자연과 불교적 색채를 띤 이 시들은 조지훈의 어떤 시보다도 자연과 주체의 조화로운 모습과 적요로운 분위기를 연출한다. 〈봉황수〉 등을 통해 애써 역사적 현실에 대한 감성을 드러냈는데, 그로부터 일 년 후에 이를 배면으로 물러나게 했던 것이다. 등단작과 이들 시편은 역사와 자연, 감성의 노출과 제어에서 확인할 수 있듯 상당한 거리를 가진 것처럼 보이지만 공통점이 없는 것은 아니다. 고전과 전통이라는 맥락에서 이들을 연관 지을 수 있을 것인데, 앞서 살펴본 것처럼 등단작에서는 전통이 소재 측면에서 활용된 면이 없지 않다. 그런데 월정사 시편에서는 소재적인 측면보다는 전통적인 사유 체계가 활용되었다는 부분에서 주목을 요한다. 달리 말하면 전통적이고 고전적인 영역이 확장되었다고 할 수 있는 것이다.

닫힌 사립에
꽃잎이 떨리노니

구름에 싸인 집이
물소리도 스미노라.

단비 맞고 난초 잎은
새삼 치운데

별바른 미닫이를
꿀벌이 스쳐간다.

바위는 제자리에
옴찍 않노니

푸른 이끼 입음이
자랑스러라.

아스럼 흔들리는
소소리 바람

고사리 새순이
도르르 말린다. (〈산방(山房)〉)

그가 육필로 적고 미발간 유고로 남긴 《지훈시초》의 형태에 따르면 〈산방〉의 원제목은 〈완허산방〉이었다. 아마 그가 기거했던 오대산 월정사의 방을 뜻하지 않나 싶다. '치운데'와 같은 시어나 2행 1연의 반복 형태에서 정지용이 떠오른다. 화자는 개인의 감정을 노출하기보다는 대상을 관찰하고 있다. 물론 "자랑스러라"와 같은 구절에서 감정이 노출되기는 했는데, 그 자랑스러움의 주체에는 화자뿐만 아니라 바위도 해당된다. 자연과 인간의 조화가 새삼 드러나는 대목이다.

꽃잎과 꿀벌과 이끼를 관찰하는 모습은 대상을 장악하기보다는 거리를 가지고 관조하는 화자를 환기한다. 역사와 자연이라는 차이가 있지만 첫 추천작 〈고풍의상〉도 이 정도의 거리였다. 대상을 관찰하는 그 섬세함으로 그는 마지막에 '고사리 새순'이 도르르 말리는 모습까지 포착한다. 정적인 분위기가 주를 이루는 앞부분을 배경으로 고사리 새순의 동적 이미지가 도드라지는데, 달리 말하면 주체가 대상을 장악하는 힘을 빼자 대상에 활력이 도는 것으로 이해할 수 있다. 정중동의 한시 미학, 자연과 인물이 한 장면 안에 조화를 이루는 산수화가 떠오르는 까닭이 이와 같다.

목어(木魚)를 두드리다
졸음에 겨워

고오운 상좌아이도
잠이 들었다.

부처님은 말이 없이
웃으시는데

서역(西域) 만리(萬里) 길

눈부신 노을 아래

모란이 진다.* (〈고사(古寺) 1〉)

이 시도 주체의 감정은 자제되는 한편 불교를 기반으로 한 전통적 사유가 또렷이 나타난다. 불교적 소재의 활용은 '서역'이나 '부처님' 등의 시어에서 확인할 수 있다. 말이 끝나는 곳에 졸음이 있고, 졸음이 시작되는 곳에 만리길을 가는 꿈이 있다. 언어가 끝나는 곳에서 꿈 속의 긴 여정이 시작되고 또한 시가 시작된다. 여운의 선미를 연출하는 것이다. 한 행의 길이가 짧아 여백을 많이 확보하는 시의 형태도 선미를 조성하는 데 일조한다. 〈고사 1〉 역시 정지용 시의 자장 안에 있는 2행 1연 반복을 기본으로 한다. 그런데 한 연으로 처리된 "서역 만리 길"과 같이 변주도 일어난다. 이 구절은 반복을 통해 형성된 2행 1연의 속도를 홀로 책임진다. '만 리'라는 길이가 실제 느린 리듬으로 구현되는 효과가 발휘되는 것이다. 이후 이 구절은 아래 "눈부신 노을 아래"를 끌어와 함께 한 연을 구성하는 방식으로 개작된다. 앞에서 형성된 리듬이 여기에도 반복되는 것이다. 그 대신 마지막 "모란이 진다"가 한 연으로 정리되는데, 이로써 모란이 지는 모습에 비약과 강조의 의미가 첨가된다. 화자의 감정은 표면적으로 자제되지만 낙화의 모습이 강조되면서 이면에 절제된 감정이 있다는 것이 새삼 환기된다.

---

* 위의 시는 《청록집》 수록 형태이다. 《조지훈 시선》이나 《조지훈 전집》에는 마지막 두 연이 "서역(西域) 만리(萬里) 길/눈부신 노을 아래//모란이 진다."로 제시되었다. "눈부신 노을 아래"의 연 위치가 바뀐 것이다.

꽃이 지기로소니
바람을 탓하랴

주렴 밖에 성긴 별이
하나 둘 스러지고

귀촉도 울음 뒤에
머언 산이 닥아서다.

촛불을 꺼야하리
꽃이 지는데

꽃 지는 그림자
뜰에 어리어

하이얀 미닫이가
우련 붉어라.

묻혀서 사는 이의
고운 마음을

아는 이 있을까
저허하노니

꽃이 지는 아침은
울고 싶어라. (〈낙화(落花)〉)

〈낙화〉는 2행 1연의 반복 형태를 유지하며 꽃이 지고 있는 모습을 형상화한 시이다. 전통적 사유의 흔적을 여기에서도 확인할 수 있다. 자연이 있고 사람이 있는 산수화를 연상해 보자. 생성과 소멸을 반복하는 자연의 이치에 자신이 포함되었다고 인식하는 사람은 운명에 순응하지만, 자연의 이치 밖에 놓여있다고 생각하는 사람은 운명에 절망한다. 안심과 불안의 경계가 자아의 내부에 있는 것이 아니라 밖에 미리 마련되어 있는 것은 전통적 사유 체계의 특징이다. 월정사 시편에서는 감정이 자제되어 있는 반면, 월정사에서 나온 후 1943년 작인 〈낙화〉에서는 "꽃이 지는 아침은/울고 싶어라"고 하며 감정을 노출한다. 꽃은 지면 다시 피지만 '나'는 소멸되면 다시 태어날 수 있을까, 이 불안이 감정을 노출한 것인데 전통적 사유 체계를 반영한 결과라고 할 수 있을 것이다. 《청록집》은 한국 현대시가 일군 영역의 중심에 놓인 시이다. 그중에서 조지훈이 맡은 것은 전통적 사유, 고전적 소재의 확장이라 할 수 있을 것이다.

4 뜨거운 지성의 분출
—《풀잎단장》 발간 이후(1952-1968)

1952년 단독 시집《풀잎단장》이후 그는 시대와 동떨어진 감정보다는 시대와 함께 호흡하는 감정을 자주 드러냈다. 이를 달리 말하면 지성이 가미된 감정, 그는 감성이라는 말로 이를 갈음한 바 있는데, 이 글에서는 이를 '뜨거운 지성'이라는 말로 표현하고자 한다. 조지훈은 광복 직후 좌우 논쟁의 최전선에 있었으며 6·25가 발발한 후 가족의 죽음과 월북 등 개인사적 비극 속에서도 종군 문인의 자격으로 군인과 함께 전쟁의 최전선에 있었다. 조지훈의 범상치 않은 기개는 여러 가지 일화로 남아있다. 전쟁 중의 일화를 들어보자. 그는 전선의 상황을 글로 전파하는 문총구국대, 종군작가단을 결성하고 참가하게 되는데 다음의 일화는 초기 공군 창공구락부 시절에 일어난 일이다.

> 6·25전쟁이 발발하자 지훈은 대구로 피란해 문인들을 규합하여 '창공구락부'라는 공군 종군작가단을 조직하였다. 그러던 어느날 퀀셋(반원형 간이 건물) 안에서 술자리가 벌어졌다. 모두 가족들의 생사도 모르는 채 초조와 불안과 무료를 달래던 문인들은 술에 취해 고성방가하기 시작하였다. 그 순간 현역 군인 한 명이 쫓아 들어와 천장에 마구 공포를 쏘아댔다. 그러고는 소리쳤다. 지금이 어느 땐 줄 알고 술 마시

고 이짓들이냐고. 모두들 겁에 질려 떨고 있었다. 그러자 지훈이 소리쳤다. "이놈! 여기가 어딘 줄 알고 함부로 들어와 총질이냐? 너는 애국을 총으로만 하는 줄 아느냐? 총보 다 더 뜨거운 애국이 있는 줄은 모르는 놈 같으니…. 쏠 테면 쏴라! 이놈!" 그러자 총을 든 군인이 약간 기가 꺾이는 듯한 순간, 지훈은 그 군인의 따귀를 후려쳤다. 드디어 그 군인이 총을 내려 놓고 사과를 했다. (김덕형, 〈한국의 명가〉 부분)

그가 총을 무서워하지 않은 것이 아니다. 위의 일화는 펜이 총만큼 위력을 지녔다는 긍지가 없으면 벌어질 수 없는 것이었다. 글을 쓰는 일이 애국과 연계되자 두려울 것이 없어졌다. 조지훈이 중시했던 것은 대의명분이었다. 자유당 정권 때의 일화도 인상적이다. 그의 나이 30대 때의 일인데 시인이자 지식인으로서 그의 명성은 이미 고려대학교를 벗어나 전국적이었다. 정권의 핵심부에서도 예외는 아니었던 것 같다. 이승만 박사가 대통령을 영구적으로 수행하려고 여러 일을 도모하고 있을 때였다. 그에게 이승만 박사를 찬송하는 시를 써달라는 부탁이 전해졌다. 김종길의 회고를 다시 따라가 보자.

이승만 박사가 두번째 대통령으로 취임할 때였던가, 그는 정부당국으로부터 이대통령 송시를 쓰라는 교섭을 받은 적이 있었다. 그러나 그는 언하에 거절하면서 한 말이 〈나는 이박사든 누구든 살아 있는 사람의 송시는 쓰지 않는다〉는 것이었다.

이러한 지훈의 저항 방식의 좋은 일례가 한일협정비준을 반대한 교수 및 문단인의 서명운동 과 그 운동이 야기한 사태에 있어서의 그의 행동이었다. 지훈은 그때 서명교수 중에서도 주동 인물로 간주되었음인지… 〈잘못한 것이 없는데 왜 징계위원회 앞에 서야 하는가. 그런데도 징계위원회 앞에 서지 않을 수 없다면 나는 차라리 사표를 내겠다〉는 것이 그때의 그의 판단이었고 그 판단은 즉시 사표제출로써 행동으로 나타났다. 그러나 다행히 그의 사표는 반려되었고 일시적인 것이었지만 해임 조치도 그는 면하게 되었다. (김종길, 〈조지훈론〉 부분)

실제로 남아있는 조지훈의 송시나 추모시들을 보면 그 대상은 김동삼, 한용운, 이육사 등 시대와 마찰하며 대의명분에 따라 자신의 뜻을 굽히지 않았던 이들이다. 대의를 위해 자신을 희생한 인물에 대해서는 송시를 썼지만 자신을 드러내기 위해 대의를 저버린 인물에 대해서는 송시를 쓰지 않았던 것이다. 그의 대의 명분은 1960년대에도 이어졌다. 그는 1960년 4·19때에도 독재에 항거하고 자유를 외쳤던 학생들을 지지하며 혼란에 빠질 수 있었던 학생들에게 지표 역할을 했다. 4·19를 민권 혁명이라고 했고 5·16을 민생 혁명이라고 말했던 그였지만 1965년 한일협정 비준과 관련되어 대학가에서 강력한 저항의 목소리가 났을 때 그는 정권의 반대편에 있는 학생들을 옹호했다. 그것이 도리였고 대의 명분에 맞다고 생각했기 때문이었던 것 같다. 정권의 압력이 거세지고 주동 인물로 낙인 찍혀 징계위원회에 회부되었을 때였다. 그는 위원회에 참석하는 대신 사표를 제출했다. 다행히 사표는 반려되었다.

시대의 정신을 지향했던 그의 목소리는 시에 고스란히 반영되었다. 조지훈을 청록파 안에서 자연을 노래하고 고전적 소재를 취했으며 전통적 사유 체계를 유지했던 시인으로 이해하면, 그리고 그와 같은 시적 개성을 시 이력의 정점으로 인식한다면 후기 시편들은 일탈이나 태작으로 인식하기 쉽다. 하지만 그의 시 이력 전체를 고려한다면《청록집》에 수록된 시들이 오히려 예외적인 성격을 지닌다고 할 수 있다. 등단 지면의 방향성과 선자 정지용의 요청에 의해 고유한 개성을 눅이고 시적 목소리를 가다듬었던 시기, 자연과 조화를 이룬 월정사라는 예외적인 공간에서 고요한 시를 썼던 시기 자체가 특수한 상황이었다.

이 두 가지 특수한 상황은 이후 조지훈의 시에 각자 다른 영향력을 행사한다. 예외적이기는 하지만 그것이 앞뒤의 상황과 단절되었다기보다는 느슨하게 관련되었다는 것이다. 등단작에서는 당대 현실이 반영된 시대 정신이 드러났었다. 이는 분단 이후 새로운 국면과 맞물린 지성의 표현으로 변주되어 나타났다. 또한 월정사 시편에서 보여준 동양적 사유 체계는 지사적 풍모와 선비 정신으로 변주되어 나타났다.

폭도라 부르던 사람들도 이제는 너희의 공을 알고 있다.
떳떳하고 귀한 일 했으며 너희
부모들 또 무슨 말이 있겠느냐마는 아무리 늬들의 공이
조국의 역사에 남아도

너희보다 먼저 가야 할 우리 어버이 된 자의 살아남은 가슴에는
죽는 날까지 빼지 못할 못이 박히는 것을 어쩌느냐.

사랑하는 아들딸들아
참으로 몰랐다 너희들이 이렇게 가야 할 줄을
너희 부모들은 길이 두고 마음 속에 너를 기다려
문에 기대 서고 책상 앞에 턱 괴고 밤을 새울 것이다.

모진 바람에 꽃망울조차 떨어지고
총소리 속에 먼동이 터 온다.
아 우리 사랑하는 아들딸들아
고이 잠들거라. (〈사랑하는 아들딸들아—사월의거 학생 부모의 넋두리에서〉 부분)

그 날 너희 오래 참고 참았던 의분이 터져
노도와 같이 거리로 거리로 몰려가던 그 때
나는 그런 줄도 모르고 연구실 창턱에 기대 앉아
먼산을 넋없이 바라보고 있었다.
오후 두 시 거리에 나갔다가 비로소 나는
너희들 그 무엇으로도 막을 수 없는 물결이
의사당 앞에 넘치고 있음을 알고
늬들 옆에서 우리는 너희의

高大新報

反獨裁民主革命의 先鋒

4·18 義擧

사진은 四月十八日 下午二時半 警察의 第六次 阻止線을 突破하는 高大生의 씩씩한 모습 (鐘路五街에서)

社說 이제는 身上의 血跡을 씻고 第二共和國의 動態를 注視하자

늬들 마음을 우리가 안다

—어느 스승의 뉘우침에서—

趙芝薰

1960·4·20

特輯 合併號

英靈이여 고히 잠드소서

現代思想講座 全10卷 總目錄

Ⅰ 現代人의 世界觀

Ⅱ 知性과 모랄

Ⅲ 讀書와 學問에의 길

Ⅳ 現代藝術에의 招待

Ⅴ 懷疑와 宗敎

Ⅵ 現代社會의 構造

Ⅶ 二十世紀文明과 科學

Ⅷ 現代生活과 文化

Ⅸ 現代思想家三十人論

Ⅹ 轉換하는 現代思想

讀書와 學問에의 길

社告

乙文堂

《고대신문》 제38호(1960.5.3), 1면

불타는 눈망울을 보고 있었다.
사실을 말하면 나는 그날 비로소 너희들이
갑자기 이뻐져서 죽겠던 것이다(〈늬들 마음을 우리가 안다—어느 스승의 뉘우침에서〉)

인용 시들은 4·19를 대상으로 한 것이다. 4·19 희생자의 부모에게 전하는 시편이 앞의 시이고, 교문을 박차고 나가는 학생들을 뒤에서 응원하는 시편이 뒤의 시이다. 〈늬들 마음을 우리가 안다—어느 스승의 뉘우침에서〉는 연구실에서 쓰기 시작하고 몇 주 뒤 《고대신문》에 실린다. 4·19를 배경으로 하는 시도 많고 4·19를 문학적 자양분으로 삼은 문인들도 상당히 많다. 이들과 조지훈 시의 다른 특성은 화자의 캐릭터에 있다. 앞의 시에서는 "우리 어버이 된 자"라는 구절을 통해 부모와 같은 어른 화자가, 뒤의 시에서는 "연구실 창턱"과 "그날 비로소 너희들이", 그리고 부제 "어느 스승의 뉘우침에서"를 통해 스승 화자가 환기된다. 그는 스승을 자임하면서 젊은 학생들의 뜨거운 목소리를 지지한다.

〈자유(自由)! 너 영원(永遠)한 활화산(活火山)이여!〉
사악(邪惡)과 불의(不義)에 항거(抗拒)하여
압제(壓制)의 사슬을 끊고
분노(憤怒)의 불길을 터뜨린
아! 1960년 4월 18일!
천지(天地)를 뒤흔든 정의(正義)의 함성(喊聲)을 새겨

그날의 분화구(噴火口) 여기에 돌을 세운다 (〈그날의 분화구(噴火口) 여기에〉)

민족(民族)의 힘으로 민족(民族)의 꿈을 가꾸어 온
민족(民族)의 보람찬 대학(大學)이 있어
너 항상(恒常) 여기에 자유(自由)의 불을 밝히고
정의(正義)의 길을 달리고 진리(眞理)의 샘을 지키나니
지축(地軸)을 박차고 포효(咆哮)하거라
너 불타는 야망(野望) 젊은 의욕(意慾)의 상징(象徵)아
우주(宇宙)를 향한 너의 부르짖음이
민족(民族)의 소리 되어 메아리치는 곳에
너의 기개(氣槪) 너의 지조(志操) 너의 예지(叡智)는
조국(祖國)의 영원(永遠)한 고동(鼓動)이 되리라 (〈호상비문(虎像碑文)〉)

〈그날의 분화구(噴火口) 여기에〉는 4·18 기념탑명이다. '자유', '영원', '활화산', '사악', '불의', '정의' 등 관념어들이 무리 없이 쓰이고 있다. 〈호상비문〉에도 마찬가지로 '민족', '정의', '야망' 등의 관념어들이 등장한다. 구체적인 것을 통해 보편적인 것을 추구하는 문학의 특성상 추상적인 말은 그렇게 환영받지 못한다. 이들이 공감을 얻기 위해서는 구체화 과정이 필요할 터인데, 이를 구체적인 것으로 인식하는 자아를 상정하는 것도 그 중 하나일 것이다. 즉 자유와 정의의 함성과 같은 말을 쓰는 데 어떠한 거리낌도 없는 큰 자아를 가진 인물이 상정되었을 때 이러한 말들이 설득력

을 발휘하는 것이다. 조지훈은 추상적이고 관념적인 말을 채집한 것이 아니라 구체적인 것으로 인식하고 사용했다. 자유의 외침이 4월 18일 시위를 경유하여 활화산의 분화구로 구체화되고, 정의와 진리의 외침이 호랑이의 부르짖음을 경유하여 호랑이 동상으로 현현한다. 시대와 접면하며 대인의 풍모를 지녔던 시인이 바로 조지훈이었다.

자네는 나의 정다운 벗, 그리고 내가 공경하는 친구
자네가 무슨 말을 해도 나는 노하지 않네
그렇지만 자네는 좀 이상한 성밀세
언짢은 표정이나 서운한 말, 뜻이 서로 맞지 않을 때는
자네는 몇 날 몇 달을 쉬지 않고 나를 설복(說服)하려 들다가도
내가 가슴을 헤치고 자네에게 경도(傾倒)하면
그때사 자네는 나를 뿌리치고 떠나가네

잘 가게 이 친구
생각 내키거든 언제든지 찾아 주게나
차를 끓여 마시며 우리 다시 인생(人生)을 얘기해
보세그려 (〈병에게〉 부분)

그러나 안타깝게도 그는 1968년 48세의 나이에 그를 괴롭혔던 병으로 생을 마감하게 된다. 시뿐만 아니라 민속학, 국어학, 역사학 등 민족문화

학의 얼개를 짜고 토대를 닦던 시기였다. 그도 남은 시간이 별로 없다는 것을 인식했던 것 같다. 〈병에게〉는 그가 세상을 뜨기 전 거의 마지막에 발표한 시이다. 그는 이 시에서 병을 물리치는 것은 불가능하다는 듯 친구로 사이좋게 지내자고 말한다. 인용 부분은 시의 마지막 부분이다. 병에게 "다시 찾아 주게나"라는 말 속에는 어떠한 심정이 담겼을까.

지금까지 조지훈의 삶과 시를 살펴보았다. 조지훈의 삶과 시는 어떠한 의의를 가지고 있고 왜 우리는 21세기에 조지훈의 시를 읽어야 할까. 그는 《문장》 추천인과 청록파 동인의 영향을 통해 주류 서정시의 이미지를 제시했다. 또한 그는 전통 소재, 불교적 사상, 의고적 어조 등을 선보이며 동아시아 전통의 계승하는 모습을 보여주었다. 그리고 그는 대의 명분에 입각하여 역사와 현실에 대해 지속적으로 날카로운 목소리를 들려주었다. 믿고 따를 만한 이치가 사라진 시대에 삶의 지표가 될 만한 이치의 흔적을 그의 시와 삶을 통해서 우리는 확인할 수 있다. 삶과 시가 따로 있는 것이 아니라 삶과 시가 끊임없이 마찰하는 곳에 삶의 보람과 시의 깊이가 있다는 것 또한 조지훈의 시를 통해 확인할 수 있다. 현실 참여가 좌우익 중 하나만 독점하는 가치가 아니라 양쪽이 공유할 수 있는 가치라는 것 또한 조지훈의 삶과 시를 통해 확인할 수 있었다. 조지훈의 삶과 시가 입증했으며 우리가 거듭 실험해야 할 것은 현실과 접면하면서 정의를 구현하려는 노력일 것이다.

참고 문헌

- 박목월·조지훈·박두진.《청록집(靑鹿集)》. 을유문화사, 1946.
- 조지훈.《풀잎단장(斷章)》. 창조사, 1952.
- ______.《조지훈 시선(趙芝薰詩選)》. 정음사, 1956.
- ______.《역사(歷史) 앞에서》. 신구문화사, 1959.
- ______.《여운(餘韻)》. 일조각, 1964.
- ______.《조지훈 전집》. 1-9. 나남출판사, 1996.
- ______.《지훈육필시집》. 나남출판사, 2001.
- 《문장(文章)》, 1939년 4월.
- 《문장(文章)》, 1939년 9월.
- 《문장(文章)》, 1940년 2월.

- 김종길.《시에 대하여》. 민음사, 1986.
- 김종길·정한모·인권한·박노준 외.《조지훈 연구》. 고려대학교 출판부, 1978.
- 유성호.《근대의 심층과 한국 시의 미학》. 태학사, 2020.
- 윤석성.《조지훈》. 건국대학교출판부, 1997.
- 이형대·오형엽 외.《조지훈 연구 2》. 고려대학교 출판문화원, 2020.
- 조광렬.《승무의 긴 여운, 지조의 큰 울림》. 나남출판, 2007.
- 조송식.《산수화의 미학》. 아카넷, 2015.
- 최동호.《하나의 도에 이르는 시학》. 고려대학교 출판부, 1997.
- 최승호.《조지훈》. 새미, 2003.

더 읽어보기

조지훈.《조지훈 전집 5 지조론》. 나남, 1996.

______.《조지훈 전집 7 한국문화사서설》. 나남, 1997.

김윤식.《문학사의 라이벌 의식 3》. 그린비, 2017.

오형엽·김종훈.《전통과 창조—조지훈 탄생 100주년 기념 논문집》. 고려대학교출판문화원, 2022.

유진오.《양호기》. 고려대학교출판문화원, 2019.

인권환.《고대유사》. 고려대학교출판부, 2012.

최동호.《조지훈 시와 현대불교시》. 고려대학교출판문화원, 2022.

홍일식.《오직 고려대학교》. 고려대학교출판문화원, 2022.

숨그네

인간성의 “절대영도”에 맞서는 힘, 언어

신지영

1 들어가며

2009년 노벨문학상을 수상한 헤르타 뮐러(Herta Müller)는 독일 작가다. 하지만 평범한 독일 작가라고 할 수는 없다. 뮐러는 1953년 루마니아의 바나트(Banat) 지방에서 독일인 소수민족으로 태어났다. 바나트 지방은 17세기부터 독일인들이 이주하여 몇 세대에 걸쳐 살고 있는 지역이다. 루마니아에서 태어나고 자랐지만 15세에 처음으로 루마니아어를 배운 뮐러는 루마니아인도 아니고, 독일어를 쓰고 자랐지만 독일인이라고도 할 수 없는 독특한 이력을 가진 작가다. 뮐러는 대학에서 독문학과 루마니아 문학을 전공했고 재학 중에, 역시 독일인 소수민족이었던 리하르트 바그너(Richard Wagner)를 만나 나중에 그와 결혼한다. 1982년, 29세에 소설 〈저지대(Niederungen)〉를 발표하면서 작가로 데뷔하게 된다. 1931년 전업작가가 되기 전에는 번역가, 학원 강사, 유치원 교사 등 다양한 직업을 가졌다. 1986년 〈인간은 세상의 거대한 꿩이다(Der Mensch ist ein großer Fasan auf der Welt)〉를 발표하는데, 작품의 내용이 독재를 비판하는 내용이다 보니 뮐러는 독재정권에는 불편한 작가였다. 당시 루마니아는 공산권이었고 대부분의 공산권 국가들처럼 독재정권의 통치하에 있었다. 뮐러는 지속적으로 차우체스쿠(Nicolae Ceausescu) 독재정권의 비밀경찰 시큐리타테(Securitate)의 감시와 심문, 가택수색, 살해협박 등을 받다가 1987년 34세에 독일로 망명한다. 이후 1992년 〈그때 이미 여우는 사냥꾼이었다(Der Fuchs war damals schon der Jäger)〉,

1994년 〈마음짐승(Herztier)〉을 발표하였다. 이 작품들은 모두 한국어로 번역되어 있다. 56세이던 2009년 오랜 침묵을 깨고 〈숨그네(Atemschaukel)〉를 발표하고 같은 해 노벨문학상을 수상하면서, 대중에게는 그다지 알려져 있지 않았던 작가 뮐러는 일약 독일을 대표하는 세계적인 작가의 반열에 오르게 된다. 이후 뮐러는 2012년 〈아버지가 파리들과 통화한다(Vater telefoniert mit den Fliegen)〉, 2019년 〈향수 속에는 푸른 홀이 있다(Im Heimweh ist ein blauer Saal)〉를 발표하며 활발한 작가활동을 이어가고 있다.

2009년에 발표한 소설 〈숨그네〉의 역사적 배경은 이른바 "재건작업(Reparationsarbeit)"이다. 제2차 세계대전이 끝나기 1년 전인 1944년, 소련군이 루마니아에 진격한다. 그때까지 히틀러 편에 섰던 파시스트 독재자 안토네스쿠는 체포되고(그는 1946년에 처형된다) 이제 루마니아는 편을 바꾸어 소련군의 편에 서서 히틀러 독일에 대항해서 싸우게 된다. 1945년 1월, 아직 전쟁이 끝나기 전 소련군은 독일인의 '집단적 죄'를 물어 "재건사업"이라는 이름으로 루마니아 독일인들을 강제노동에 동원한다. 노동이 가능한 19세에서 45세의 독일인들이 소련의 수용소로 보내어져 노역을 하게 되는데, 60만 명의 독일인이 소련의 수용소로 보내졌다. 그런데 지금까지 루마니아의 독재에 대한 이야기를 많이 써온 뮐러가 어떻게 이런 역사적인 소재에 관심을 가지게 되었을까? 소설의 구상은 뮐러의 가족 이야기에서 시작된다. 어린 시절 뮐러는 어머니에게서 심리적 장애와 상처의 흔적을 보며 자란다. 뮐러의 어머니는 당시 그 마을의 다른 사람들처럼 5년간 소련의 강제노동수용소에서 노역을 하고 돌아왔다. 어머니와 마을 사람들은

작가와 파스티오르

이 시기의 경험을 드러내 놓고 이야기하지는 않았지만, 이는 사소한 행동 또는 침묵에서 드러났다. 예를 들어, 뮐러의 어머니는 "바람은 눈보다 차다", "목마름은 배고픔보다 힘들다", "따뜻한 감자는 이불이다", "감자와의 공모" 등의 말을 한다. 또는 이미 감자가 지천으로 널려있음에도 불구하고 감자 얇게 깎기, 한 줄로 감자 깎기 등에 강박에 가까운 집착을 보이는 어머니의 모습 또는 이 시기가 화제가 되었을 때 어머니가 침묵하는 모습을 보면서 뮐러는 어머니가 어떤 상처, 장애를 갖고 있음을 느끼게 된다. 이 소재로 이야기를 써보아야겠다고 생각한 뮐러는 2001년부터 마을 사람들을 인터뷰하지만 큰 성과는 없었다. 마을 사람들의 기억이 불완전했기도 했지만 주된 이유는 그들이 이야기하기를 꺼렸기 때문이었다. 이 시기가 그들에게 회상하기 괴로운 트라우마였던 것이다. 소설 작업이 크게 진전을 보인 것은 뮐러가 그해 독일에서 오스카 파스티오르(Oskar Pastior)라는 동향인을 만나게 되면서였다. 이후 둘은 공동작업을 하게 되는데, 2004년에는 함께 소련(현재 우크라이나)의 강제노동수용소를 방문하기도 한다. 파스티오르는 뮐러의 어머니처럼 소련의 강제노동수용소에서 5년간 노역했다. 뮐러는 한 인터뷰에서 오스카 파스티오르가 없었다면 이 작품이 탄생하지 않았을 것이라고, 실제로 작품에 나오는 많은 모티프와 표현들이 그의 것이라고 말한다.

> 그는 '기아천사'가 그와 함께 수용소에 있었다고 생각했습니다. 그는 기아천사를 괴물로 명명했습니다. '심장삽', '뼈와가죽의시간' 등의 은유는 경험에서 나온 '사실'입니다.(뮐러, SWR 방송국 인터뷰에서)

〈숨그네〉는 이처럼 파스티오르의 전기에 바탕을 둔 작품이라 할 수 있다. 뮐러와 마찬가지로 루마니아 독일인 소수민족인 파스티오르는 1927년 생으로, 뮐러의 어머니 세대라 볼 수 있고 17세의 나이에 강제수용소로 끌려가 21세에 풀려났으며, 부카레스트(Bucharest) 대학에서 독문학을 전공했지만 40세가 되던 1968년 빈을 거쳐 독일로 망명한다. 이후 시인이자 번역가로 활동했고 2006년 79세의 나이에 프랑크푸르트 도서전 중 급작

스레 사망한다. 이후 뮐러는 혼자서 소설 작업을 이어갔고 2009년 소설이 나오게 된다.

2 인간성의 "절대영도", 수용소

〈숨그네〉의 줄거리는 크게 세 부분으로 나눌 수 있다. 소설은 총 64개의 장으로 구성되어 있는데, 수용소로 가기 전이 1개 장, 수용소에서 56개 장, 그리고 수용소에서 돌아온 후가 6개 장이다. 수용소로 가기 전의 이야기는 "짐 싸기에 대하여"라는 제목의 제1장인데, 수용소로 가기 전 레오의 삶과 심정이 간략히 묘사되어 있다. 이 장의 한 구절은 이렇다.

> 그것은 금지된 무엇이었다.
> 특별하고, 더럽고, 수치스럽고, 아름다운. (〈숨그네〉, 10쪽)

금지된 것이고 수치스럽고 더러운 것이지만 아름다운 것은 무엇인가? 그것은 17세 주인공 레오가 동성연애자이고 규칙적으로 다른 동성연애자들을 만나 사랑을 나눈다는 것이다. 레오는 "랑데부"라고 부르는 이 만남

수용소에서	
	관련 장
배고픔(13개 장)	명아주, 배고픈 천사에 대하여, 석탄화주, 10루블, 빵 도난 사건, 초승달마돈나, 감자인간, 내 빵과 볼빵, 검은 개들, 숟가락만 넣었다 빼다, 한때 내 배고픈 천사는 법무사였지, 하얀 토끼, 러시아사람들도 제 갈 길이 있다
추위(2개 장)	나무와 솜, 검은 포플러
노동(10개 장)	시멘트, 석회여인들, 심장삽에 대하여, 석탄에 대하여, 슬래그벽돌, 일광중독에 대하여, 우리 작업은 예술, 슬래그에 대하여, 화학성분들에 대하여, 노란모래에 대하여
향수(4개 장)	다문화공동체, 뻐꾸기시계의 환지통에 대하여, 전나무에 대하여, 누가 땅을 바꿔놓았나, 라틴어로 된 비밀

을 수치스러워하고 비밀로 한다. 당시 1940년대 나아가 60년대, 70년대까지만 해도 동성애는 금기였고, 발각되면 감옥에 가고 법적으로뿐만 아니라 사회적으로도 도덕적으로 지탄을 받는 일이었다. 레오는 수용소로 가게 되자 홀가분하다. 양심의 가책에 시달리는 상황과 소도시의 답답함을 벗어날 수 있었기 때문이다.

다음으로 수용소에서의 이야기는, 역시 노벨상 수상자인 솔제니친의 〈이반 데니소비치, 수용소의 하루〉 등 수용소문학에서 짐작할 수 있듯이, 내용상으로 크게 배고픔, 추위, 노동, 향수에 관한 이야기로 분류되고, 이 가운데 가장 많은 등장하는 것이 배고픔에 대한 이야기이며 이어 노동, 향수, 추위에 대한 이야기가 많이 등장한다.

다음으로 수용소에서 돌아온 후의 장은 6개다. 여기서는 수용소 경험이 레오를 완전히 바꾸어놓았음을, 또는 아래 구절에서 짐작할 수 있듯이, 레

〈숨그네〉 속 운명들	
인물	관련 장
트루디 펠리칸	석회여인들, 백조가 노래하면, 지팡이
베아 차켈과 투어 프리쿨리치	완고한 사람에 대하여, 너 빈에 아이 있니, 붉은 포도주색 실크스카프
이르마 파이퍼	이르마 파이퍼의 한방울넘치는행복
경비원 카티	경비원 카티, 머릿속이 환해지는 순간
파울과 하이드룬 가스트	숟가락만 넣었다 빼다, 한때 내 배고픈 천사는 법무사였지, 일의 경과

오가 가족들에게는 이해될 수 없는 존재가 되었음을 보여준다.

> 나는 풀려난 몸으로 누구에게도 이해받지 못하는 외톨이가 되었고 자기를 기만하는 증인이 되었다. (〈숨그네〉, 315쪽)

수용소에서 나왔지만 수용소의 트라우마에서 벗어나지 못하는 상황은 "그사이 나는 내 보물들에 나 거기 머문다라고 적혀 있음을 알게 되었다"(〈숨그네〉, 326쪽)로 표현된다. 마지막으로 "너는 여전히 피아노야"(〈숨그네〉, 324쪽)라는 장은 동성애자 레오의 삶에 대한 이야기다.

소설이란 보통 누구의 이야기이고 따라서 인물들의 이야기, 운명들에 관한 이야기다. 이 소설의 이야기도 일차적으로는 수많은 사람들, 수용소에 수감된 사람들의 이야기다.

우선 작품의 주인공이며 1인칭 화자인 레오 아우베르크(Leo Auberg)는 17

《숨그네》(Hanser, 2009)

세의 나이에 강제노동수용소로 이송되어 5년간 노역을 하고 21세에 풀려난다. 오스카 파스티오르의 전기와 일치하는 점이 많은 주인공이다. 독일어판 책의 표지에는 젊은 남자의 사진이 실려있는데, 사진 속의 인물이 파스티오르는 아니지만 레오의 모습을 짐작하게 한다. 이 외에도 이 소설에서는 많은 인물들의 이야기, 운명이 등장하는데, 이는 수용소 문학에서 많이 접하게 되는 서사다.

트루디 펠리칸은 레오와 같은 마을에 살고 있는 여자로 석탄 운반 수레 밑에 발이 끼어서 다리를 절게 되고 나중에 지팡이를 짚게 된다. 베아 차켈과 투어 프리쿨리치는 같은 마을 출신이고 연인이며 투어는 러시아인에게 협조하는 독일인으로, 나중에 빈에서 누가 그랬는지는 모르지만 도끼로 이마를 찍혀 죽는다. 이르마 파이퍼는 회반죽 구덩이에 빠져 익사한다. 경비원 카티라 불리는 지적 장애인 카티는 나름의 방법으로 수용소에서 살아남는다. 파울과 하이드룬 가스트는 법무사 부부로, 파울은 아내의 스프를 빼앗아 먹고 하이드룬은 자살한다.

3 인간성의 "절대영도"에 맞서는 힘

3.1 물건들의 힘

이 소설은 주인공인 레오와 그 외 수용소에 수용된 다른 인물들의 운명을 이야기하고 있으나 장의 제목들이 보여주듯이 이 작품의 또 다른 주인공들은 '말들'과 '물건들'이다. 이 가운데 하나인 '물건들'을 살펴보면서 본격적으로 작품 분석에 들어가 보자. 소설에 등장하는 물건들은 크게 두 종류로 분류된다. 집에서 가져간 물건과 수용소의 물건들이다. "붉은 포도주색 실크스카프", "10루블"이라는 장은 집에서 가져간 물건들에 대한 이야기고, "명아주", "시멘트", "나무와 솜", "검은 포플러", "심장삽에 대하여", "석탄화주", "빼꾸기 시계의 환지통에 대하여" 등은 수용소의 물건들에 관한 장이다.

소설의 제1장은 "짐 싸기에 대하여"라는 장인데, 여기서 한 두 구절을 읽어보자.

> 내가 가진 것은 모두 가지고 간다.
> 달리 말해 내 모든 것이 나와 더불어 간다.(〈숨그네〉, 9쪽)

> 나는 드라이버로 축음기 상자를 분해해 트렁크를 만들었다.
>
> (…)
>
> 상자 바닥에 책 네 권을 넣었다. 아마포로 표지를 씌운《파우스트》와《차라투스트라는 이렇게 말했다》. 바인헤버가 쓴 얇은 책과 지난 8세기 동안의 시를 엮은 선집. 한 번 읽으면 그만인 소설은 없었다. 책 위에는 세면도구 가방을 놓았다. 조그만 유리병에 든 화장수 1병, 애프터셰이브 로션 타르(TARR) 1병, 면도용 비누 1개, 면도솔 1개, 백반석 1개, 비누 1개, 손톱가위 1개, 세면도구 가방 옆에는 털실 양말 1켤레(밤색, 이미 몇 번 기운), 무릎양말 1켤레, 흰색과 빨간색 체크무늬 플란넬 셔츠 1장, 짧은 메리야스 2장.
>
> 새 실크스카프는 눌리지 않게 맨 위에 얹었다. 붉은 포도주색 계열의 바둑판 무늬가 들어간 스카프였다. 그것만 해도 트렁크는 꽉 찼다. 그다음에는 보따리에 물건을 넣었다. 안락의자에 놓여있던 담요 1장(모직, 하늘색과 베이지색 체크무늬, 엄청 크지만 따뜻하지 않음). 먼지막이 외투(희끗희끗한 모

직, 벌써 많이 낡음)와 돌돌 만 가죽 각반 1쌍(고릿적, 일차대전 때 물건, 노란 멜론색, 끈 달림). (《숨그네》, 15-16쪽)

다음으로 수용소의 물건들이 있는데, 주로 노동의 도구들이다. 먼저 "시멘트"라는 장을 읽어보자.

녹초가 되도록 일하고 자신의 심장박동에 귀를 기울인다. 시멘트는 아껴야 한다. 시멘트는 잘 살펴야 한다. 시멘트는 젖으면 안 된다. 시멘트는 날아가면 안 된다. 그러나 시멘트는 흩어지고, 자기는 헤프면서 우리에게는 더할 수 없이 인색하다. 우리는 시멘트가 원하는 대로 산다. 시멘트는 절도범이다. 우리가 시멘트를 훔친 게 아니라 시멘트가 우리를 훔쳐갔다. 뿐만 아니라 시멘트는 적개심을 키운다. 시멘트는 흩어지며 불신의 씨를 뿌린다. 시멘트는 간교하다.

매일 저녁 숙소로 돌아오는 길에, 시멘트와 얼마쯤 떨어져 공사장을 등지고 서면, 나는 알았다. 우리가 서로를 속이는 게 아니라, 러시아인들과 그들의 시멘트한테 기만당하고 있음을. 그러나 다음 날이면 어느새 내가 아는 것과 모두에 대한 의심이 나를 찾아왔다. 모두가 그것을 느꼈다. 그리고 나를 적대했다. 시멘트와 배고픈 천사는 공범이다. (《숨그네》, 42쪽)

그리고 "심장삽에 대하여"에서도 두 구절을 읽어보자.

삽의 종류는 여러 가지다. 하지만 내가 가장 좋아하는 건 심장삽이다. 유일하게 이름을 붙여주었다. 심장삽은 석탄, 그중에서도 무른 석탄을 하역할 때만 쓴다. (《숨그네》, 91쪽)

나는 심장삽이 필요 없을지도 모른다. 하지만 내 배고픔은 심장삽을 필요로 한다. 나는 심장삽이 내 연장이었으면 좋겠다. 그러나 심장삽은 내 주인이다. 연장은 나다. 심장삽은 나를 지배하고 나는 굴복한다. 그래도 심장삽은 내가 가장 좋아하는 삽이다. 나는 어쩔 수 없이 삽을 좋아해야 했다. 나는 비굴하다. 삽이 더 좋은 주인이 되도록 순종하고 미워하지 않으려 하기 때문이다. 나는 삽이 고맙다. (《숨그네》, 95-96쪽)

가스용탄 역시 노동의 대상이다.

가스용탄은 민첩하다. 야시노바타야에서 온다. 작업반장은 가스용탄을 속삭이듯 하조베라고 말한다. 상처 입은 토끼라는 말처럼 들린다. 그래서 나는 가스용탄이 마음에 든다. 화물차에는 호두, 개암, 옥수수 알과 완두가 실려 있다. 다섯 개의 개폐구는 쉽게 열린다. 시쳇말로 빈 장갑으로도 열린다. 하조베라고 다섯 번 속삭인다. 잡석이 섞이지 않아 곱고 가벼운 회색 가루다. 나는 생각한다. 하조베는 마음이 곱구나. 하조베의 기억이 부려진다. (《숨그네》, 139쪽)

다음은 역시 노동에 대상인 슬래그에 대한 구절이다.

나는 작업 때마다 한 번씩 치우는 차가운 슬래그를 사랑한다. 차가운 슬래그는 다소곳하고 끈기 있고 가늠할 수 있다. 알베르트 기온도 나도 뜨거운 슬래그를 치울 때만 서로의 도움이 필요했다. 차가운 슬래그는 각자 알아서 치우고 싶었다. 차가운 슬래그는 순하고 믿을 수 있을뿐더러 의지하고 싶기까지 한 보라색 모래 먼지였다. 우리가 방해받지 않고 혼자 있게 해주었다. 차가운 슬래그는 지하실 맨 뒤의 화로에 있었다. 개폐구도 따로 있었고 수레도 따로 있었다. 철망이 아닌 양철 배가 툭 튀어나온 수레였다. (《숨그네》, 196쪽)

지금까지는 슬래그, 시멘트, 삽 등 노동의 도구나 대상에 대한 이야기였는데, "순수건과 쥐"라는 장에서는 성격이 조금 다른 물건이 등장한다. 이 구절도 읽어보자.

눈처럼 새하얀 아마포 손수건 (…) 수용소에서는 그런 손수건을 쓸 일이 없었다. 그 수년 동안 물물교환 장터에서 먹을 것과 바꿀 수도 있었다. 배고픔에 눈이 멀어 그런 유혹도 느꼈다. 내가 참고 견딜 수 있었던 것은, 손수건이 내 운명이라는 믿음 때문이었다. 운명을 포기하면 지는 것이었다. 나는 확신했다. 너는 돌아올 거야라는 할머니의 작별인사가 손수건으로 모습을 바꿨음을. 나는 손수건이야말로 수용소에서 나를 보살펴 준 단 한 사람이었다고 한 점 부끄러움 없이 말할 수 있다. 지금도 그 확신에는 변함이 없다. 때로 물건들은 형언할 수 없는 의외의 섬세함을 가지게 된다. (《숨그네》, 88~89쪽)

레오는 수용소에서 노동이 끝난 저녁이면 구걸을 하거나 석탄을 가지고 러시아인 마을로 가서 물물교환을 한다. 그런데 어느 날 뜻밖에도 어느 러시아 여인의 집에서 레오는 따뜻한 스프를 대접받는데, 차가운 날씨에 뜨거운 스프를 먹으며 코를 훌쩍이는 레오를 본 여인은 새하얀 아마포 손수건을 주면서 코를 풀라고 한다. 레오 나이쯤이고 시베리아의 수용소에 있는 아들 생각에 여인은 레오에게 스프와 손수건을 준 것이다. 이때는 레오가 수용소에 들어온 지 2년째이고, 이후 3년 동안 레오는 이 손수건을 소금이나 설탕으로 물물교환할 수도 있었을 테지만 손수건을 간직한다. 이 손수건이 "나를 보살펴 준 단 한 사람"이기 때문에. 이처럼 물건은 나를 보살핀 '사람'이 된다.

이런 정황은 소설에서 물건들이 "주인공"인 이유, 물건들의 의미는 무엇일까라는 물음에 대한 힌트를 준다. 집에서 가져간 물건들, 노동의 도구, 나를 살려준 물건, 이 물건들의 의미를 생각해 보자. 헤르타 뮐러는 노벨상을 받던 해, 상을 받기 직전 독일의 SWR방송에서 이 소설에 대한 인터뷰를 하는데, 여기서 물건들의 의미에 대해 이렇게 말한다.

집에서 가져온 물건들은 의지가 되고 우리의 소유물이 우리를 규정합니다. 빗, 면도기 등 집에서 가져온 것들, 이 물건들이 나의 정체성을 지켜줍니다. (뮐러, SWR 방송국 인터뷰에서)

그래서 소설의 제1장, "짐 싸기에 대하여"는 물건들을 하나하나 심지어 상표까지 불러가면서 나열한다. 5년 동안 수용소에 있으면서 내가 누구인지 잊어버리지 않게 해주는 물건들, 나의 정체성을 지켜준 물건들이기 때문이다. 물론 실크스카프는 나중에 투어에게 빼앗기고, 가죽 각반은 시장에서 먹을 것과 바꾸려 하기도 하지만 어쨌든 집에서 가져간 물건들은 '나'이다.

다음으로 수용소의 물건들, 시멘트, 심장삽, 가스용탄 등은 어떤 의미가 있을까? 작가는 인터뷰에서 이렇게 말한다.

노동의 도구들은 의지의 대상이 됩니다. 일을 미움으로 하지 않기, 명령이므로 하지 않을 수 없는 경우, 일과 어떤 관계(애정 관계)를 맺으려 합니다. '나의 사랑하는 석탄'은 하역하기가 쉽고 삽에 들러붙지 않고 가벼워서 일을 쉽게 해주어 나를 보호합니다. 일을 어렵게 하는 물건은 나를 나쁘게 다룬다 등, 사물이 인간에 대해 어떤 태도를 취하는 듯하면서 나는 인간이 됩니다. 이렇게 이들은 의지의 대상이 되고 내가 머릿속에서지만 결정을 하고 입장을 취하게 해줌으로써 나에게 존엄을 돌려줍니다. (뮐러, SWR 방송국 인터뷰에서)

'나의 사랑하는 석탄', '나의 사랑하는 삽' 등은 물건과 관계를 맺으려는 레오의 마음을 드러낸다. 사물들이 나를 사랑해 주니까 나의 자존감이 돌아온다. 레오는 물건들에 이름을 붙임으로써 물건들과 애정관계를 맺으려고 한다. 즉, 삽이 나를 보호해 주는 상황으로 만들려고 한다. 내가 이름을 붙인다는 것은 나의 의지이고 나의 결정이다. 수용소에서는 자기 의지로 결정할 수 있는 것이 없다. 위에서 시키는 대로 해야 하고, 하기 싫은 일은 있을 수 없고, 노동 시간, 잠자는 시간, 기상시간 등 모든 것이 정해져 있으므로 내가 나의 의지로 결정할 수 있는 것은 없다. 그러나 삽에 이름을 붙인다는 것, 심장삽이라고 부르면 이는 나의 능동적 의지의 행위이고, 이로써 나는 인간이 되고 내가 결정하는 사람임을 느끼게 된다. 이는 생존의 한 방편이 된다. 물건들이 나를 사랑하고 보호해 주는구나, 이런 의미에서 수많은 물건들이 등장하고 그것들이 나를 사랑해 주는 '사람'으로 등장한다. 러시아 여인이 아들에게 품은 애정이 손수건을 통해서 레오에게 전달되듯이. 이처럼 물건들은 사람이 되고 작품의 주인공이 된다.

3.2

언어의 힘

작품의 또 다른 주인공은 '말들'이다. 소설에서는 여러 말들이 등장한다. 먼저 다른 사람들의 말이 있고, 작가가 만들어낸 말들이 있는데, 이들도 앞의 물건들처럼 소설의 '주인공'들이다. 먼저 "수채화"와 "고기"라는 말을 살펴보자.

아버지는 미술선생님이었다. 머릿속에서 넵튠수영장을 떨쳐버릴 수 없었던 나는 아버지 입에서 수채화라는 단어라도 나오면 걷어차인 듯 깜짝 놀랐다. 그 단어는 내가 얼마나 멀리 가버렸는지 알고 있었다. 어머니는 식탁에서 말했다. 감자는 포크로 찍지 마라, 갈라지니까, 숟가락을 써, 포크는 고기에 쓰는 거지. 관자놀이가 팔딱거렸다. 어머니는 어째서 감자와 포크 얘기를 하다 말고 고기란 말을 하는 걸까. 어떤 고기를 말하는 거지, 내 고기는 랑데부에서 뒤집혔다. 나는 나 자신을 훔친 도둑이었고, 단어들이 불시에 나를 덮쳐 붙잡았다. (《숨그네》, 13쪽)

앞서 언급했듯이, 레오는 동성애자이고 이를 '더럽고 수치스러운' 것으로 여긴다. 수채화와 넵튠수영장에는 모두 물(水)이라는 말이 들어가 있어 이 말을 들으면 자신의 이 '더러운' 행동이 떠올랐을 것이다. 고기라는 단어도 마찬가지다. 고기(肉)라는 단어는 '육체'나 '육신'과 연결되면서 죄책감을 일으키고 이런 단어는 나를 체포한다. 여기서 우리는 말들의 의미를 조금 짐작해 볼 수 있다. 다음으로 "너는 돌아올 거야"라는 할머니의 말이다.

그로부터 세 시간이 더 흘렀을까, 거의 참을 수 없는 지경이 되었을 때 그들은 왔다. 어머니가 까만 우단 깃이 달린 외투를 걸치도록 거들어주었다. 나는 외투를 재빨리 몸에 꿰었다. 어머니가 울었다. 나는 초록색 장갑을 꼈다. 바로 거기, 가스계량기가 있는 나무복도에서 할머니가 말했다. 너는 돌아올 거야.

그 말을 작정하고 마음에 새긴 것은 아니었다. 나는 그 말을 대수롭지 않게 수용소로 가져갔다. 그 말이 나와 동행하리라는 것을 몰랐다. 그러나 그런 말은 자생력이 있다. 그 말은 내 안에서 내가 가져간 책 모두를 합친 것보다 더 큰 힘을 발휘했다. 너는 돌아올 거야는 심장삽의 공범이 되었고, 배고픈 천사의 적수가 되었다. 돌아왔으므로 나는 말할 수 있다. 어떤 말은 사람을 살리기도 한다. (〈숨그네〉, 17쪽)

다음으로, "로베르트, 1947년 4월 17일 출생"이라는 말은 어머니가 레오에게 동생이 태어난 사실을 알리는 엽서에 적혀있는 말이다.

그는 나의 대리형제다. 내 생사를 모르는 부모님이 아이를 만들었다. 어머니는 태어났다는 말을 출생이라고 줄여 썼듯, 죽었다는 말도 사망이라고 쓸 것이다. 어머니는 이미 그렇게 했다. 어머니는 하얀 박음질 땀이 부끄럽지 않을까. 내가 그 한 줄에서 무엇을 읽었는지 안다면.

너는 거기서 죽어도 돼, 그게 내 입장이야. 집에 입 하나 준 셈 치고. (〈숨그네〉, 235쪽)

이 말은 앞서 '너는 돌아올 거야'라는 말과 대조된다. 레오는 '로베르트 출생'이라는 말에서 엄마가 또 하나의 아들인 나를 죽은 셈 친다고 읽는다. 어떤 말은 사람을 죽이기도 한다. 그래서 이 단어는 절망의 단어이고 단어가 가진 '절망의 힘'을 느낄 수 있게 한다.

다른 한편, 작품에는 많은 조어들, 작가가 만들어낸 단어들이 등장한다. 숨그네, 심장삽, 하조베, 배고픈 천사, 뼈와가죽의시간, 한방울넘치는행복, 대리형제, 감자인간, 볼빵 등이 그러하다. 먼저 '배고픈 천사'라는 조어를 살펴보자. 이는 독일어로는 'Hungerengel'인데, 배고픔(Hunger)이라는 명사와 천사(Engel)라는 명사가 합성된 것이다. 한국어 번역에서는 '배고픈(hungrig)'이라는 형용사를 사용하였는데, 원어를 살려 '배고픔천사'나 '기아천사'가 이 적절하지 않을까 하는 아쉬움이 있다. 어쨌든 '배고픈 천사'에 대한 대목을 읽어보자.

그러면 삽질할 기운이 쭉 빠진다. 심장삽은 온전히 자기에게 집중하지 않으면 금세 눈치 챈다. 그럴 때는 가느다란 공포가 목을 조인다. 관자놀이의 맥박이 미친 듯이 뛴다. 나는 무너지기 직전이다. 입에서 단내가 나고 목젖이 붓는다. 배고픈 천사는 입안에, 내 입천장에 오롯이 매달린다. 그건 배고픈 천사의 저울이다. 배고픈 천사가 내 눈을 제 안경처럼 덧쓰고, 심장삽은 현기증을 일으키고, 석탄은 흐릿하게 보인다. 배고픈 천사가 내 뺨을 그의 턱 위에 끼워 맞춘다. 그리고 내 숨결을 그네 뛰게 한다. 숨그네는 무엇과도 견줄 수 없을 만큼 심

한 착란 상태이다. (《숨그네》, 96쪽)

이 구절에서 배고픈 천사뿐만 아니라 '숨그네'와 '심장삽'이라는 조어도 등장한다. 배고픔은 수용소에서 겪게 되는 가장 큰 고통이다. 너무나 굶주려 뼈와 가죽만 남은 사람을 떠올리게 하는 조어, '뼈와가죽의시간'도 배고픔의 맥락에서 이해할 수 있다. 그렇다면 배고픈 천사를 어떻게 이해할 것인가? 앞서 이를 '배고픔천사' 내지는 '기아천사'라고 했는데, 레오는 배고픔을 육체적 고통이라기보다 대상, 즉 형체가 있는 어떤 것으로 생각했다. 즉, 배고픔은 괴물이다. 앞서 말들, 물건들이 대상, 즉 사람의 형상으로 나타났듯이 배고픔도 사람의 형상, 즉 천사의 모습으로 나타난다. 한국어로 '천사'라는 단어를 들으면 우리는 날개 달린 귀여운 꼬마를 상상하지만 서양에서 '천사(Engel)'는 신적인 존재, 우리를 지배하는 존재를 말한다. 그리고 배고픔천사가 담당하는 영역이 배고픔이다. 작품에서 천사를 선한 존재, 즉 레오를 보호해 주는 존재라기보다는 인간의 힘을 초월하는 존재, 배고픔을 주재하는 괴물이라고 생각해야 한다. 다음으로, 작품의 제목인 '숨그네(Atemschaukel)'라는 조어를 살펴보자.

점호 시간에는 부동자세로 서서 나를 잊는 연습을 했다. 들숨과 날숨의 간격이 크지 않아야 했다. 고개를 들지 않고 눈만 치켜떴다. 그리고 하늘을 보며 내 뼈를 걸어둘 만한 구름자락을 찾았다. 나를 잊고 하늘의 옷걸이를 찾으면 그것이 나를 지탱해 주었다. (《숨그네》, 30-31쪽)

너무나 배가 고파 서있을 힘도 없는데, 몇 백 명을 점호하는 시간 동안 쓰러지지 않고 버티기 위해 레오는 뼈를 구름자락에 걸어두어 몸을 가볍게 하고 숨은 널뛰기를 한다.

마지막으로, "한방울넘치는행복"이라는 조어를 살펴보자.

> 가장 마지막에 오는 행복은 한방울넘치는행복이다. 그 행복은 죽을 때 온다. 이르마 파이퍼가 회반죽 구덩이에서 죽어가던 때를 아직도 기억한다. 트루디 펠리칸이 혀를 차며 마치 한 단어인 듯 말했다.
>
> 한방울넘치는행복
>
> 그녀가 옳다고 생각했다. 시체를 치울 때면 얼굴에서 안도감을 보았으니까. (〈숨그네〉, 275쪽)

죽는다는 게 행복은 아니겠지만, 죽음의 순간에는 수용소에서 겪는 배고픔, 추위, 노동의 고통을 벗어날 수 있다. 그러나 이 행복은 죽음을 의미한다.

그렇다면, 작품 속의 말들, 다른 사람의 말들과 조어들의 의미는 무엇일까? 앞서 소개한 두 작품, 〈숨그네〉가 나온 이후의 작품들이 이 질문에 대한 힌트를 준다. 이 두 작품의 표지에서 우리는 언어의 힘에 대해 뮐러가 생각하는 바를 짐작해 볼 수 있다.

〈숨그네〉가 나온 지 3년 후인 2012년에 발표한 작품, 〈아버지가 파리들과 통화한다〉의 표지를 보면, 이 제목은 신문이나 잡지에서 오려낸 단어

《아버지가 파리들과 통화한다》(Fischer, 2012)

들로 콜라주되었다. 이 표지에서 "아버지"라는 단어는 상대적으로 굉장히 크고 검은 색이다. 따라서 권위적이고 무서운 느낌을 준다. 독자는 작품의 내용을 몰라도 콜라주한 단어들에서 벌써 단어의 힘을 느낄 수 있다. 〈숨그네〉에서 '수채화', '고기'라는 단어는 나를 덮쳐 체포하고, '너는 돌아올 거야'라는 할머니의 말은 나를 살리고, '로베르트 출생'은 나를 죽인다. '배고픈 천사', '심장삽', '숨그네' 등은 수용소의 끔찍함을 함축적으로 표현한다. 이처럼 뮐러는 〈숨그네〉에서 말의 힘, 누구를 살리기도 죽이기도 하는 언어의 힘을 여러 상황들과 조어를 통해서 보여준다.

4 우리 안의 수용소, 우리 밖의 수용소

이상으로 작가 및 작품의 역사적 배경에 이어 작품의 구조 그리고 수용소 현실의 문학적 형상화까지 살펴보았다. 마지막으로 역사적 사건을 배경으로 하는 이 작품의 현재적 의미를 생각해 보자. 작품을 다 읽고 나면 이 작품에서 배고픔이란 무엇일까 그 의미를 다시 생각해 보지 않을 수 없게 된다. 수용소에서 돌아온 후의 몇 장을 읽어보면서 배고픔의 의미를 찾아보자.

> 고향으로 돌아온 후 매일같이 다른 허기가 생겨나 채워지기를 기다리지만 나는 그 요구를 들어줄 수 없다. 나는 누구에게도 곁을 내어줄 수 없다. 나는 배고픔에게 가르침을 받았으므로 자부심이 아니라 겸허 때문에 접근할 수 없는 사람이 되었다. (《숨그네》, 276쪽)

수용소에서 돌아온 이후 레오와 가족들과의 관계는 한 마디로 "무덤덤함"으로 규정된다. 또 다른 대목을 읽어보자.

> 나는 할머니의 목에 매달리고 싶었다. 무덤덤함이 나를 말렸다.
>
> (…)

로베르트가 이마를 짚으면 통통한 손목이 보였다. 그럴 때는 대리 형제의 목을 조르고 싶었다. 무덤덤함이 나를 말렸다.

(…)

집은 내가 수용소에서 배고픈 천사와 지낼 때와 다름없었다. 무덤덤한 사람 하나가 우리 모두를 거느리고 있는 것인지, 우리 각자에게 무덤덤한 사람이 하나씩 들어 있는 것인지는 결코 알 수 없었다. (《숨그네》, 297-298쪽)

가족들 간의 "무덤덤함"에 관한 또 다른 대목은 아래와 같다.

집에 돌아오니 모든 것에 눈이 달려 있었다.

(…)

그 무엇도 나와는 상관이 없었다. 나는 내 안에 갇혀 있었고 나에게서 내동댕이쳐졌다. 나는 그것들에 속하지 않았고, 그것들은 내게서 멀어져갔다.

수용소로 가기 전 우리는 십칠 년을 함께 지냈고 문, 장롱, 탁자, 양탄자 같은 커다란 물건들을 공유했다. 접시와 컵, 소금통, 비누, 열쇠 같은 작은 물건들도 그랬다. 창과 전등의 빛도. 그러나 지금 나는 다른 사람이었다. 우리는 서로 더 이상 우리가 아님을, 다시는 그렇게 될 수 없음을 알고 있었다. (《숨그네》, 302-303쪽)

배고픔의 의미는 무엇일까? 수용소에서 나온 이후에 허기, 배고픔을 더 이상 겪지 않아도 된다면, 허기를 물질적인 것으로만 이해할 수 없다. 이 작품에는 (여기에 인용하지는 않았지만) '눈의 허기(Augenhunger)' 또는 '눈의 배고픔'이라는 단어도 등장하는데, 이는 아름다운 것을 보고 싶은 갈망이다. 레오는 수용소에서 심장삽이나 슬래그 등 물건들과 애정관계를 맺으려 했고 이로써 자존감을 높이려 했다. 그러나 수용소에서 돌아온 후 '무덤덤함'이 지배하는 상황은 레오가 가족들과 이전의 관계를 다시 회복할 수 없음을 말해준다. 수용소 이후에도 여전히 레오가 느끼는 허기는 물질적인 것이 아니고, 특히 따뜻한 인간관계, 사랑에 대한 허기로 해석할 수 있다. 레오는 수용소에서 나온 이후 안나라는 여자와 결혼을 하고 11년 동안 결혼생활을 하지만, 이는 동성애 '범죄'를 숨기기 위해서일 뿐 그는 '랑데부'를 계속 한다. 그렇지만 '랑데부' 역시 지속적인 관계나 애정관계가 아니라 육체적인 관계일 뿐이다. 수용소에서 나온 후 누구와도 더 이상 관계를 맺을 수 없이 외톨이가 된 레오, 평생 배고픔, 관계에 대한 허기가 레오를 따라다닌다. 그리고 이것은 물질적인 것이 아니라 애정에 대한 허기, 사랑에 대한 허기이고 수용소에서 겪은 허기는 그 모습을 바꾸어 레오의 삶의 일부가 된다. 이런 맥락에서 수용소의 트라우마는 극복이 될까 하는 질문이 제기된다.

> 그사이 나는 내 보물들에 나 거기 머문다라고 적혀 있음을 알게 되었다. 수용소는 머릿속에서 자신을 확대시킬 거리를 확보하려고 나를

집으로 보냈다. 고향에 돌아온 후로 내 보물에는 나 거기 있다는 물론 나 거기 있었다라는 말도 적혀 있지 않다. 내 보물에는 이렇게 적혀 있다. 나는 거기서 나오지 못한다. 왼쪽 관자놀이에서 오른쪽 관자놀이로 수용소가 차차 뻗어나간다. 그러므로 나는 내 해골 전체가 커다란 부지라고, 수용소 부지라고 말해야 한다. 침묵으로도 말로도 자신을 지킬 수가 없다. 침묵할 때도 말할 때도 과장하게 된다. 그러나 어느 쪽에도 나 거기 있었다는 없다. 적절한 한도도 없다. (《숨그네》, 326-327쪽)

수용소의 트라우마는 침묵할 뿐 없어지지 않고 평생을 따라다닌다. 뮐러는 이를 어머니와 마을사람들에게서 보았다. 레오는 가족들과도 아무 관계도 맺지 못하고 새로운 인간관계를 맺지도 못하고 평생을 인간관계의 허기 속에서 산다. 이런 의미에서 작품을 수용소문학의 한계를 넘어서서, 인간이 느끼는 관계의 결핍, 애정에 대한 허기를 다루는 작품으로 이해할 수 있다. 동성애자였던 레오의 경우는 조금 더 극단적인 경우지만, 우리는 모두 각자의 수용소를 내면에 갖고 있지 않을까.

마지막으로 인권이란 무엇일까라는 측면에서 작품의 현재적 의미를 되짚어볼 수 있다. 노벨문학상이 이 작품에만 주어졌다고 할 수는 없겠지만 작가가 상을 받은 이유에는 이 작품이 수용소의 현실을 배경으로 인간의 권리, 인권이란 무엇일까라는 문제를 고민하게 하는 계기가 되었다는 이유도 있을 것이다. 작품이 출간될 당시 유럽에서는 난민수용과 보호를 두고 인권문제가 크게 대두되었다. 이탈리아의 철학자 조르조 아감벤(Georgio

Agamben)이 《호모 사케르(Homo sacer)》(1995)라는 책으로 지성계에 큰 반향을 불러일으킨 것도 이런 맥락이다. 라틴어 '사케르(sacer)'는 2세기경 로마의 폼페이우스 페스투스(Pompeius Festus)의 백과사전에 나오는 용어로 '신성하다'로 번역할 수 있지만, 죽여도 처벌받지 않는 사람, 법의 보호를 받지 못하는 사람, 따라서 자신의 생명 말고는 아무것도 가진 것이 없는 사람, 즉 '벌거벗은 생명'을 지칭했다. 현재의 시점에서 호모 사케르는 수용소에 수용된 사람들, 난민수용소의 사람들, 불법체류자 등 법의 보호를 받지 못하는 사람들이다. 인권이라고 하면 보통은 인간으로서의 권리라고 이해되지만, 실제로 우리 주변에서 일어나는 일들을 보면 인권은 인간으로서의 권리라기보다는 시민으로서의 권리를 말한다. 이는 한 국가의 국적을 가진 사람, 법의 테두리 안에 있는 사람을 보호하기 위한 개념이다. 마르크스나 한나 아렌트가 말하듯이, 인권이란 국가가 있는 시민들과 재산을 가진 사람들에게만 있는 권리이다. 이처럼 호모 사케르라는 용어는 인권이란 생물학적 실체가 아니라 구별하고 제외시키는 법적 행위의 결과로서 비로소 생겨난다는 것을 지적하면서 인권 개념의 허구성을 폭로한다. 여기서 1948년에 제정된 UN의 세계인권선언을 살펴보자.

제1조

모든 사람은 태어날 때부터 자유롭고, 존엄하며, 평등하다.

모든 사람은 이성과 양심을 가지고 있으므로 서로에게 형제애의 정신으로 대해야 한다.

제5조

어느 누구도 고문이나 잔인하고 비인도적인 모욕, 형벌을 받아서는 안된다.

제9조

어느 누구도 자의적으로 체포, 구금, 추방을 당하지 않는다.

이러한 인권선언이 선언적 차원에 머무는 것도 현실이다. 심지어 미국도 9·11테러 이후 쿠바에 있는 관타나모(Guantánamo) 수용소에 이슬람 테러분자로 의심되는 사람들을 수용하여 불법을 자행했다. 인권이라는 것이 헌장에는 있지만 실제 현실에서는 북한의 정치범수용소, 이탈리아나 그리스의 난민수용소가 있고, 여기서는 인권이나 인간의 존엄은 허구에 불과하다. 이 소설은 소련의 강제노동수용소라는 역사적 사실을 이야기하고 있지만, 현재 우리가 처한 상황을 다시 한번 돌아보게 한다. 이것이 역사적 소설이라고 할 수 있는 〈숨그네〉의 현재적 의미가 아닐까 한다.

참고 문헌

- Herta Müller. *Atemschaukel*, Hanser, 2009.
- 헤르타 뮐러. 《숨그네》. 박경희 옮김. 문학동네, 2010.
- 헤르타 뮐러. SWR 인터뷰(https://www.youtube.com/watch?v=wuKdNmVPyuQ).
- 유엔. 세계인권선언(https://img.europapress.es/fotoweb/fotonoticia_20181210115306_1200.jpg https://amnesty.or.kr/25966/).
- 조르조 아감벤. 《호모 사케르—주권 권력과 벌거벗은 생명》. 박진우 옮김. 새물결, 2008.

더 읽어보기

노벨상 수상 작가 헤르타 뮐러의 작품세계를 더 알고 싶다면 아래의 작품을 추천한다.

헤르타 뮐러. 《저지대》. 김인순 옮김. 문학동네, 2014.
______. 《인간은 이 세상의 거대한 꿩이다》. 김인순 옮김. 문학동네, 2010.
______. 《마음짐승》. 박경희 옮김. 문학동네, 2010.
______. 《그때 이미 여우는 사냥꾼이었다》. 윤시향 옮김. 문학동네, 2010.

인권과 동성애에 대한 이론을 더 잘 이해하고 싶다면 다음 책을 추천한다.

미셸 푸코. 《성의 역사》. 이규현 옮김. 나남출판사, 2020.
조르조 아감벤. 《호모 사케르—주권 권력과 벌거벗은 생명》. 박진우 옮김. 새물결, 2008.

《숨그네》와 유사한 역사적 배경과 주제를 다룬 다른 작품들로 아래의 작품을 추천한다.

〈소설〉

알렉산드로 솔제니친. 《이반 데니소비치, 수용소의 하루》. 이영의 옮김. 민음사, 1998.

______. 《수용소군도》. 김학수 옮김. 열린책들, 2022.

〈영화〉

하디 마틴스 감독. 〈마지막 한 걸음까지〉. 2001.

이미지 출처

- 작가와 파스티오르

  https://www.merkur.de/lokales/wolfratshausen/lager-stein-block-zimmer-684731.html

맹자

사랑과 정의의 혁명가

양원석

1 맹자, 《맹자》, 맹자의 시대

1.1 왜 하필 《맹자》인가?

《맹자(孟子)》는 중국의 전국시대에 살았던 맹가(孟軻, 기원전 372?~기원전 289?)가 쓴 책이다. 《맹자》는 《논어》, 《대학》, 《중용》과 더불어 '사서(四書)'라고 일컬어지는 유가 경전의 하나이자 대표적인 동양 고전의 하나이다.

맹자라는 사람과 《맹자》라는 책에 대해 본격적인 이야기를 하기에 앞서, '왜 하필 《맹자》인가?'라는 질문을 던져보고자 한다. 지금은 맹자가 활동했던 시대와 무려 2천여 년 이상의 시간적 차이가 있으며, 또 지금의 시대는 최첨단 과학기술이 인류 문명을 선도하고 있고 물질적 가치가 그 어떤 것보다 우선시되고 있다. 그런데 이러한 시대와 전혀 어울리지 않을 것 같은 《맹자》를 우리는 왜 하필 읽고 있으며, 왜 하필 읽으려고 하는가?

우리는 한자로 쓰여진 《맹자》와 같은 동양고전에 대해 알게 모르게 일종의 선입견이나 편견을 가지고 있는 것 같다. 즉 '고리타분하다. 낡았다. 옛날 것이다. 쓸모 없다. 현대의 가치에 맞지 않다' 등등. 또 한편으로는 '신비롭다. 고상하다. 이상적이다. 독특한 매력이 있다' 등등.

하지만 이러한 선입견과 달리 《맹자》는 매우 현실적이다. 그렇게 고리

타분하지도 않고, 또 현대의 가치에 맞지 않는 쓸모없는 이야기만 있는 것은 아니다. 또 신비롭거나 고상하거나 이상적이지도 않다.《맹자》는 현실의 문제, 현재의 문제를 이야기하고 있다. 유가사상이 주로 현실의 문제를 이야기하고 있지만,《맹자》는 특히 더 그렇다. 물론 2천 년 전의 인물인 맹자는 중국 전국시대 당시의 문제를 이야기하고 있지만, 그것은 역사의 각 시대마다 또 현재에도 여전히 유효한 메시지를 던지고 있다. 바로 이러한 점이 오늘날 이 자리에서《맹자》라는 책을 읽고, 맹자가 했던 이야기를 다시 생각해 보는 이유라고 하겠다(주광호 2012, 19-30 참조).

'왜 하필《맹자》인가?'라는 질문을 던졌고, '《맹자》는 현재에도 여전히 우리의 삶에 쓸모있는 메시지를 던지고 있다'는 답을 했다. 과연 그러한가? 아래에서 이야기해 보겠다.

1.2.
맹자와《맹자》, 그리고 맹자의 시대

먼저 맹자라는 인물,《맹자》라는 책, 그리고 맹자가 활동하였던 시대에 대해 살펴보겠다.

이에 대해 아주 간략하게 언급한 내용이 있는데, 바로 사마천의《사기》 열전 권74〈맹자순경열전(孟子荀卿列傳)〉중에서 맹자에 대해 언급한 부분이다. 이 내용은 송(宋)나라의 성리학자 주희(朱熹)가《맹자집주》를 편찬하면서 그 서설(序說)의 일부로 인용하여 제시하기도 했다. 그 내용은 다음과 같다.

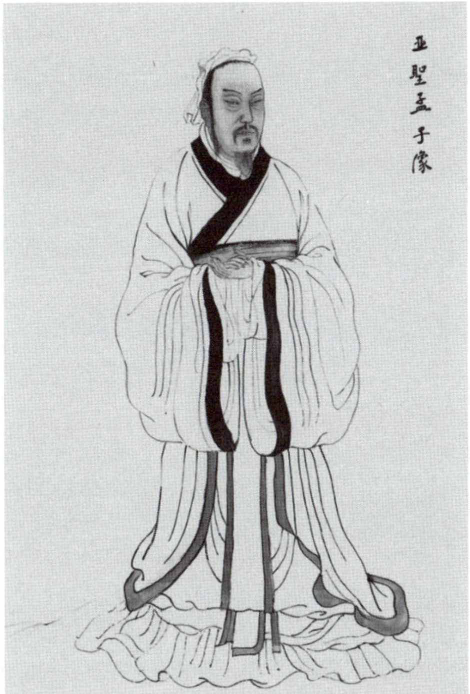

아성맹자상(亞聖孟子像)

맹가(孟軻)는 추(騶) 땅 사람으로 자사(子思)의 문인에게서 공부하였다. 도를 통달한 후에, 제(齊)나라에 가서 선왕(宣王)을 유세하여 섬겼으나 선왕은 맹자를 등용하지 않았고, 또 양(梁)나라에 갔으나 양혜왕(梁惠王) 또한 말한 바를 행하지 못하였다. 그래서 현실과 우원하고 사정과 거리가 멀다고 여겨졌다. 이 당시에 진(秦)나라는 상앙(商鞅)을 등용하였고,

초(楚)나라와 위(魏)나라는 오기(吳起)를 등용하였으며, 제(齊)나라는 손자(孫子)와 전기(田忌)를 등용하여, 천하가 합종과 연횡에 힘써 공격함과 정벌함을 가장 중요한 가치로 여기고 있었다. 그런데 맹가는 요임금·순임금과 삼대의 덕을 말씀하였으니, 그러므로 가는 곳마다 그 뜻을 실현하지 못하였다. 결국에는 물러나서 제자인 만장(萬章)의 문도들과 함께 《시경》과 《서경》을 정리하고 공자의 뜻을 기술하여 《맹자》 7편을 지었다. (《사기》 열전 권74 〈맹자순경열전(孟子荀卿列傳)〉/《맹자집주서설(孟子集註序說)》)

여기에서 볼 수 있듯이, 맹자의 성은 '맹(孟)'이고 이름은 '가(軻)'이다. 성 다음에 '자(子)'를 붙여 '맹자(孟子)'라고 칭한 것은 존칭의 의미이다. 즉 '맹자'를 굳이 풀이하자면 '맹 선생님' 정도가 될 것이다. 그의 고향은 산동성 추현(騶縣)이고, 자사의 문인에게서 공부하였다고 했다. 자사는 공자의 손자로 사서의 하나인 《중용(中庸)》을 저술한 인물로 알려져 있는데, 이렇게 훌륭한 인물로 평가받는 자사의 문인에게서 공부했다고 언급한 것은 '맹자가 공자의 도통을 이었다.' '맹자의 공부가 훌륭하였다'의 의미로 이해할 수 있다.

당시는 중국의 전국(戰國)시대(기원전 403년~기원전 221년)이다.* 춘추시대의 진(晉)나라가 한(韓)·위(魏)·조(趙)로 삼분되던 때부터 진(秦)이 중국을 통일한 시기까지이다. 이 전국시대는 한(韓)·위(魏)·조(趙)·제(齊)·진(秦)·초(楚)·연(燕)의 전

* 기원전 403년이 아니라 기원전 475년이라는 설도 있다.

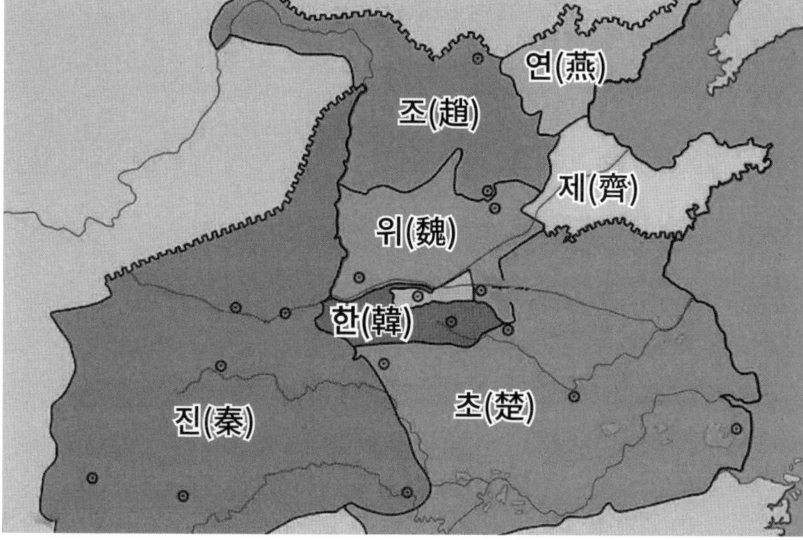

전국시대(기원전 260년)

국칠웅(戰國七雄)이 군림하던 시대였고, 합종연횡(合從連橫)과 약육강식(弱肉强食)의 시대였으며, 제자백가(諸子百家)의 시대였다. 당시의 모든 나라들은 부국강병(富國强兵)을 최고의 가치로 삼았으며, 이를 위해서 각지의 능력 있는 지식인을 초빙하고 우수한 인재를 등용하여 자국을 부강하게 만들고자 했다. 그리고 지식인들은 자신의 사상과 능력을 펼칠 기회를 찾기 위해 각국을 다니면서 유세(遊說)를 했다. 맹자 또한 공부를 마친 후 각 나라를 다니며 유세하면서 자신의 사상을 실현하고자 했다.

하지만 제나라에서도 양나라에서도 그 밖의 어느 나라에서도 맹자를 등용하지 않았다. 당시 각 나라에서는 군사전략가이거나 법가 계열의 학자인 상앙, 오기, 손자, 전기 같은 사람을 등용하여 부국강병을 추구했는데, 맹자는 요임금 순임금 삼대의 덕을 이야기하고 또 인과 의를 강조했기 때문이었다.

결국 맹자는 여러 나라를 주유하다가 고향에 돌아와서 제자들과 함께《맹자》라는 책을 지었다. 맹자가 지은 책이 바로《맹자》이다. 성경은 예수가 지은 것이 아니라 예수의 제자가 지었고,《논어》는 공자가 지은 것이 아니라 공자의 제자가 지었지만,《맹자》는 맹자가 그의 제자들과 함께 직접 저술했다는 것이 사마천의 주장이고 또 일반적으로 그렇게 인정되고 있다.

이상에서 맹자,《맹자》, 맹자의 시대인 전국시대에 대해 아주 간략하게 언급해 보았다. 이러한 전국시대의 상황을 보면 마치 지금의 시대와 비슷하다는 생각을 하게 된다. 당시 최고의 가치는 부국강병이었듯이 지금도 세계의 모든 국가는 부국을 가장 중요한 가치로 여기고 있고 강병을 통해 자국의 힘을 과시하고 있다. 국가뿐 아니라 각 개인도 마찬가지로 부와 이익을 최고의 가치로 여기고 있다. 우리의 학생들이 받고 있는 교육은 결국 부와 이익을 얻기 위한 방법을 배우기 위한 것이 아닌가 생각할 정도이다.

이렇게 모든 사람들이 부와 이익을 추구하는 시대에, '사랑'과 '정의'가 가장 중요한 가치라고 외치고 다니는 지식인이 있었다. 맹자는 바로 그런 사람이었다. 당시 전국시대 각 국의 목표는 부국강병과 자국의 이익이었지만, 맹자는 전국시대 각국에 유세를 하면서 인과 의를 바탕으로 왕도정치를 행하고 민본정치를 행할 것을 요구했던 것이다.

2 맹자의 인성론

맹자가 이야기했던 여러 주제 중에서, 먼저 인성론(人性論), 즉 사람의 본성에 대한 이야기를 같이 해보자. 이미 많이 알고 있듯이, 맹자는 성선설(性善說), 즉 '사람의 본성은 선하다'라고 주장하였다. 아래에서는 맹자가 직접 언급한 말을 살펴보면서 그의 생각을 살펴보도록 하겠다.

2.1. 측은지심(惻隱之心)

다음은《맹자》〈양혜왕 상〉제7장의 일부 내용이다. '측은지심'을 절실한 비유로 설명하고 있다.

신이 다음과 같은 내용을 호흘(胡齕)에게서 들었습니다. "왕께서 당상(堂上)에 앉아 계시는데, 소를 끌고 당하(堂下)로 지나가는 사람이 있었습니다. 왕께서 이를 보고 물었습니다. '소는 어디로 가는가?' 소를 끌고 가는 사람이 대답했습니다. '장차 흔종(釁鐘)에 쓰려고 합니다.' 왕께서 말씀하셨습니다. '풀어주어라. 나는 그 소가 두려워 벌벌 떨면서 죄없이 사지로 가는 것을 차마 볼 수 없다.' 대답했습니다. '그렇다면 흔종

(鼙鐘)을 폐할까요?' 왕께서 말씀하셨습니다. '어찌 폐할 수 있겠는가. 양으로 바꾸어 쓰라.'" 알지 못하겠습니다. 이러한 일이 있었습니까? "그러한 일이 있었다." 이러한 마음이라면 족히 왕 노릇 하실 수 있습니다. (〈양혜왕(梁惠王) 상〉 제7장)

이는 맹자와 제선왕의 대화 중 한 부분이다. 제선왕은 맹자에게 "나 같은 사람도 훌륭하게 왕 노릇을 할 수 있을까요?"라고 물었는데, 맹자가 "당신도 훌륭하게 왕 노릇 할 수 있습니다"라고 대답한다. 왕 앞에서 쓴소리만 하던 맹자가 뜻밖에도 제선왕에게 훌륭한 왕이 될 수 있다고 이야기했던 것이다. 이에 제선왕은 "어찌하여 내가 그럴 수 있다고 생각합니까?"라고 물었는데, 이에 대한 맹자의 대답이 바로 위의 내용이다.

맹자는 제선왕의 신하인 호흘로부터 들었던 이야기를 꺼내고 있다. 제선왕은 흔종이라는 의식에 쓰이기 위해 도살장에 끌려가던 소를 보고, 벌벌 떨면서 죄 없이 사지에 가는 소를 차마 볼 수 없어서 그 소를 풀어주라고 이야기한다. 맹자는 죽으러 가는 소를 불쌍히 여기는 마음이 있다면 훌륭한 왕이 될 수 있을 것이라고 이야기한다. 훌륭한 왕이 되는 것은 뭔가 대단한 방법이 있는 것이 아니라, 바로 눈 앞에 보이는 죽으러 가는 소를 불쌍히 여기는 마음 즉 측은지심을 가지고 있다면 그것이 가능하다고 한 것이다. 이러한 측은지심은 또한 불인지심(不忍之心)이라고도 한다. 불인지심은 '차마 해치지 못하는 마음', '남에게 차마 하지 못하는 마음', '사람에게 차마 어쩌지 못하는 마음' 등으로 풀이할 수 있다.

다음은 '유자입정(孺子入井)'의 이야기이다.

사람들이 모두 사람을 차마 해치지 못하는 마음을 가지고 있다고 말하는 까닭은 다음과 같다. 지금 사람들은 어린아이가 갑자기 우물에 들어가려는 것을 보고는 모두 깜짝 놀라면서 측은히 여기는 마음을 가지게 되니, 이는 어린아이의 부모와 친분을 맺고자 해서도 아니고, 마을 사람들과 친구들에게 명예를 구하고자 해서도 아니며, 잔인하다는 평판이 싫어서 그렇게 한 것도 아니다. 이로써 본다면 측은지심(惻隱之心)이 없으면 사람이 아니며, 수오지심(羞惡之心)이 없으면 사람이 아니며, 사양지심(辭讓之心)이 없으면 사람이 아니며, 시비지심(是非之心)이 없으면 사람이 아니다. 측은지심은 인(仁)의 단서요, 수오지심은 의(義)의 단서요, 사양지심은 예(禮)의 단서요, 시비지심은 지(智)의 단서이다. (〈공손추(公孫丑) 상〉 제6장)

내 눈 앞에서 어린아이가 우물에 빠지려고 할 때, 그 장면을 본 나는 그 아이가 우물에 빠지게 그대로 두지 못하고 깜짝 놀라서 그 아이를 구해주고자 한다. 그 아이의 부모와 좋은 관계를 맺기 위해, 칭찬받기 위해, 욕먹기 싫어서 그 아이를 구해주는 것이 아니다. 그냥 바로 순간적으로 아무 생각 없이 아이를 구해준다는 것이다. 맹자는 이것을 바로 측은지심, 불인지심이라고 했다. 그러한 상황에서 인간이라면 누구나 순간적으로 불쌍히 여기는 마음을 가지면서 그 아이를 구해줄 것이라는 것이 맹자의 이야기이다.

맹자는 말한다. "측은지심이 없으면 사람이 아니다." 즉 죽으러 가는 소를 불쌍히 여기는 마음, 우물에 빠지려고 하는 아이를 불쌍히 여기는 마음, 이러한 마음이 없다면 사람이 아니라고 한 것이다.

맹자는 또 말한다. "측은지심은 인(仁)의 단서이다." 죽으러 가는 소를 불쌍히 여기는 마음, 우물에 빠지려고 하는 어린 아이를 보고 불쌍히 여기고 구해주려는 마음, 이것이 바로 인간으로서 기본적으로 가지는 측은지심이며, 이것이 바로 유가의 큰 가치인 인을 이루기 위한 단서라고 한 것이다.

위에서 언급한 죽으러 가는 소를 불쌍히 여기는 마음, 우물에 빠지려고 하는 어린 아이를 보고 불쌍히 여기고 구해주려는 마음은 그 장면을 보고 순간적으로 발현하는 것이다. 즉 외물의 영향을 받지 않은 상태에서의 마음이다. 이것이 바로 사람의 본성이 선하다는 성선설의 사례로 맹자가 제시한 것이다.

2.2.

확충(擴充)

우리는 이런 질문을 할 수 있다. "맹자의 주장대로라면 세상 사람들은 모두 다 착해야 하는 거 아니냐? 그런데 이 세상에는 착한 사람도 있지만 나쁜 사람도 많다. 그럼 맹자의 성선설은 틀린 것인가?"

맹자가 살던 전국시대나 21세기의 오늘날이나 이 세상에는 착한 사람도 있지만 나쁜 사람도 있다. 죽으러 가는 소를 보면서 불쌍히 여기기는커녕 바로 잡아먹는 소가 맛있다고 생각하는 사람들도 있을 것이며, 어린아이가 우물에 빠져 죽기 일보 직전임에도 내가 알 바 아니라고 생각하면서 고개를 돌리는 사람도 있을 것이다.

흉악 범죄, 반인륜적 범죄 등 인간이 한 행위라고 보기 어려운 그러한 범죄들은 보면서 맹자의 성선설은 틀린 것이라고 생각하기도 한다.

이런 질문에 대해 맹자는 어떻게 대답할까? 맹자는 다음과 같이 '우산지목(牛山之木)'의 비유를 들고 있다.

> 우산(牛山)의 나무가 일찍이 울창했는데, 큰 나라의 교외(郊外)에 있어서 도끼로 매일 나무를 베어가니 아름다울 수 있겠는가. 밤낮으로 자라게 하고 또 비와 이슬이 적셔주어서 그 싹은 계속 자라나지만, 소와 양을 또 풀어놓으니 이 때문에 저렇게 민둥민둥하게 된 것이다. 사람들은 그 민둥민둥한 것을 보고서 일찍이 훌륭한 재목이 있은 적이 없다고 여기니, 이것이 어찌 산의 본성이겠는가. (〈고자(告子) 상〉 제8장)

우산에는 원래 울창한 나무가 있었지만, 사람들이 도끼로 베어가고 끊임없이 소와 양을 풀어놓으니 결국 민둥산이 되어버렸다. 그렇다면 과연 우산은 민둥산이 본래 모습일까? 울창한 산이 본래 모습일까? 맹자는 우산은 원래 울창했지만 도끼와 소·양 등의 외부적인 요인에 의해 우산이 민둥산이 되었다고 하면서, 그러한 민둥산은 결코 우산의 본 모습이 아니라고 한다.

이는 인간의 마음에 대한 비유이다. 인간의 마음은 선하다. 그런데 외부의 악함이 그 선함을 가리고 그 선함을 자라지 못하게 하니 결국 사람이 악하게 된다는 것이다. 그러므로 맹자는 사람의 악함을 보고 그 사람은 '원래 악해'라고 말할 수 없다는 것이다.

결국 맹자는 불인지심과 측은지심 같은 인의 단서가 되는 마음의 끄트머리를 잘 넓히고 잘 채워나가야 함을 강조한다. 사단(四端)은 기본적으로 나에게 있는데, 이것을 확충한다면 마치 작은 불이 타올라 큰 불이 되고 샘물이 모여서 큰 바다가 되는 것과 같이 인·의·예·지가 크게 실현될 것이라고 하였다.

선한 마음을 확충해야 한다는 맹자의 성선설은 맹자와 고자의 논쟁에서도 찾을 수 있다. 그 중 하나의 예를 제시하면 아래와 같다.

> 고자(告子)가 말하였다. "성(性)은 여울물과 같다. 이것을 동쪽으로 터놓으면 동쪽으로 흐르고, 서쪽으로 터놓으면 서쪽으로 흐르니, 인성(人性)이 선(善)과 불선(不善)에 구분이 없음은 마치 물이 동·서에 분별이 없는 것과 같다." 맹자가 말했다. "물은 진실로 동과 서의 분별이 없다. 하지만 위와 아래의 분별도 없다는 말인가? 사람의 본성이 선함은 물이 항상 아래로 내려가는 것과 같다. 사람은 불선한 사람이 없으며, 물은 아래로 내려가지 않는 경우가 없다." (〈고자(告子) 상〉 제2장)

고자는 여울물의 경우 동쪽으로 터주면 동쪽으로 흐르고 서쪽으로 터주면 서쪽으로 흐르듯이, 사람의 본성이 선한가 불선한가는 마치 물을 어디로 터주느냐에 따라 달라지는 것과 같다고 하였다. 즉 사람의 본성은 선과 불선의 구분이 없다는 것이다. 반면 맹자는 물이 항상 아래로 흐르는 속성이 있음을 이야기하면서, 그처럼 사람의 본성은 항상 선하다라고 주장하였다.

과연 맹자 말처럼 사람의 본성이 착할까? 혹시 우산은 원래 민둥산이었는데 나무가 조금 자라다가 다시 원래의 모습으로 돌아간 것이 아닐까? 또 죽으러 가는 소를 보면서 불쌍히 여기는 마음이 들지 않을 수도 있고, 어린아이가 우물에 빠지는 것을 보고서도 그냥 모른 척할 수도 있지 않을까? 오히려 현대 사회에서는 맹자의 성선의 주장이 설득력을 얻지 못할 수도 있다.

그런데 사람의 본성이 선한지 악한지는 증명할 수 없다. 다만 논리적인 언변만 있을 따름이다. 하지만 사람이 원래 선하다는 맹자의 주장을 따를 때에 바로 인간의 가치와 존엄성이 더해지지 않을까? '인간은 원래 악한 존재야, 그러니까 교육을 통해 그것을 바로 잡아야 해'라는 성악설보다는 '인간은 원래 착한 존재야. 그것이 외물에 의해 가리워져서 악해질 수 있어. 그렇게 되지 않도록 교육을 잘 해야 해'라는 성선설이 더 우리에게 희망을 주고 인간으로서의 가치와 존엄성을 더해줄 수 있지 않을까 생각한다.

3 맹자의 정치론

맹자는 여러 나라를 주유하면서 여러 제후들을 만났는데, 그들을 만나서 무슨 이야기를 했을까? 또 왕은 맹자를 만나서 무슨 질문을 했을까? 이들이 주고받은 이야기의 상당 부분은 '이 나라를 어떻게 잘 다스릴 것인가'의 문제였다. 즉 맹자는 정치를 주제로 많은 이야기를 했다.

3.1. 민본주의와 역성혁명

맹자의 정치론을 이야기할 때에 가장 많이 언급되는 것은 바로 '민본주의(民本主義)'이다. 다음의 내용은 맹자의 그러한 입장을 잘 드러내고 있다.

> 백성이 가장 귀하고 사직(社稷)은 그 다음이며 군주는 가장 가볍다. 그러므로 백성의 마음을 얻는 자는 천자가 될 수 있고, 천자의 마음을 얻는 자는 제후가 될 수 있고, 제후의 마음을 얻는 자는 대부가 될 수 있다. 제후가 사직을 위태롭게 하면 그를 바꾸어 둔다. 희생(犧牲)이 이미 이루어져 있으며 바치는 곡식을 이미 정결하게 준비하고 제사를 제때에 지냈는데도, 가뭄이 들고 홍수가 난다면 사직을 바꾸어 둔

다. (〈진심(盡心) 하〉 제14장)

맹자는 '백성이 가장 귀하고, 나라의 운명을 상징하는 사직이 그 다음이고, 군주가 가장 귀하지 않다'고 한다. 즉 군주보다 사직보다 백성이 가장 귀한 존재라는 견해이다. 왜 그런가? 백성의 마음을 얻으면 천자가 될 수 있지만, 천자의 마음을 얻는다 한들 그 밑의 제후밖에 될 수 없고, 또 제후의 마음을 얻는다 한들 그 밑의 대부밖에 될 수 없기 때문이다. 현대 사회도 마찬가지이다. 국민의 마음을 얻어야 대통령이 될 수 있다. 대통령의 마음을 얻는다 한들 장관이 될 뿐이고, 또 장관의 마음을 얻는다 한들 그 부서의 높은 자리에 오를 뿐이다. 즉 국민이 가장 귀한 존재이다.

당연한 이야기로 보일 수 있을 것 같지만, 당시 전국시대의 상황을 고려해 보면 이 언급은 대단히 혁신적인 내용이다. 여기서 '민(民)'은 지금의 국민이 아니라 가장 최하층 혹은 거의 노예와 같은 수준이라고 보면 더욱 파격적임을 알 수 있다. 또한 '제후가 사직을 위태롭게 하면 그를 바꾸어 둔다'라고 하였는데, 여기서 '바꾸어 둔다[變置]'는 것은 왕이 제 역할을 하지 못한다면 왕을 끌어내리고 갈아치우라는 것이다. 대단히 급진적인 주장이 아닐 수 없다. 곧 역성혁명을 인정하는 것이다.

이러한 역성혁명의 주장은 《맹자》의 다른 곳에서도 찾아볼 수 있다.

맹자가 제선왕에게 물었다. "왕의 신하 중에 그 처와 자식을 친구에게 부탁하고서 초나라에 다녀온 사람이 있었는데 돌아와 보니 그 처와 자식을 굶게 하고 얼게 하였다면 어떻게 하겠습니까?" 왕이 대답했다. "그 친구를 버릴 것이다." 맹자가 말했다. "고급 관리가 하급 관리를 제대로 다스리지 못한다면 어떻게 하겠습니까?" 왕이 대답했다. "그 사람을 그만두게 할 것이다." 맹자가 말했다. "이 나라가 잘 다스려지지 않는다면 어떻게 하겠습니까?" 왕이 좌우를 돌아보면서 딴 소리를 했다. (〈양혜왕(梁惠王) 하〉 제6장)

맹자는 제선왕과의 대화에서, 친구와 관리의 이야기를 예로 들면서 왕이 나라를 잘 다스리지 못한다면 그 왕을 쫓아내야 함을 이야기하고 있다. '왕이 좌우를 돌아보면서 딴 소리를 한 것'은 맹자의 논리를 반박할 수 없었기 때문이다.

다음 내용도 보자.

제선왕(齊宣王)이 물었다. "탕왕(湯王)이 걸왕(桀王)을 쫓아내고 무왕(武王)이 주왕(紂王)을 정벌하였다고 하는데, 그러한 일이 있습니까?" 맹자가 대답했다. "전해오는 말에 있습니다." "신하가 임금을 시해하는 것이 옳은 일입니까?" "인을 해치는 자를 도적이라고 하고, 의를 해치는 자를 잔혹한 자라고 하는데, 도적이나 잔혹한 자는 일개 사내라고 합니다. 한 사내를 주벌했다는 이야기는 들었어도 임금을 시해했다는 이야기는 듣지 못했습니다." (〈양혜왕(梁惠王) 하〉 제8장)

탕왕은 신하의 신분으로 걸왕을 쫓아내고 은나라를 세웠으며, 무왕은 신하의 신분으로 주왕을 정벌하고 주나라를 세웠다. 제선왕이 보건대 이건 하극상이고 신하가 임금을 시해한 중차대한 사건이었다. 이에 대해 맹자에게 어떻게 생각하냐고 의견을 묻는다. 맹자의 대답은 '인을 해치는 자는 그가 임금의 지위에 있다 하더라도 도적과 같고, 의를 해치는 자는 그가 임금의 자리에 있다 하더라도 잔혹한 자와 같다'라고 하면서, 임금이 임금답지 못하면 신하에게 죽임을 당할 수 있는 것이 바로 탕왕과 무왕의 경우라고 이야기하고 있다. 당시의 시대를 생각해 보면 이러한 역성혁명의 주장은 대단히 파격적이고 과격하다고 하겠다.

이러한 역성혁명의 주장으로 인해, 맹자는 오랜 기간 동안 집권층으로부터 인정받지 못하였다. 하지만 송대에 이르러 유가의 도통을 맹자로 삼고 주자가《논어》,《맹자》,《대학》,《중용》의 사서 체계를 확립하면서 맹자의 위상이 올라갔다. 그러나 명대의 주원장이《맹자》를 읽다가 그 내용이 마음에 들지 않자《맹자》의 내용을 반으로 줄인《맹자절문(孟子節文)》을 편찬하기도 하는 등 후대에도 여전히 맹자의 민본주의와 역성혁명은 문제적인 주장이라고 평가받고 있다.

3.2.

왕도정치(王道政治)

맹자가 궁극적으로 추구했던 정치는 어떤 것이었을까? 그것은 '인'과 '의'

에 바탕한 왕도정치였다. 인과 의를 지금 우리말로 다시 이야기하면, 인은 곧 사랑, 의는 곧 정의(正義)라고 할 수 있다.

왕도정치를 행했을 때의 사회는 어떠한 모습일까? 맹자는 다음에서 왕도정치를 실행했을 때의 면모에 대해 이야기하고 있다.

> 백성들로 하여금 농사의 때를 놓치지 않게 하면 곡식을 이루 다 먹을 수 없으며, 촘촘한 그물을 웅덩이와 연못에 넣지 않으면 고기와 자라를 이루 다 먹을 수 없으며, 도끼와 자귀를 때에 맞게 산림에 들어가게 하면 재목을 이루 다 쓸 수 없다. 곡식과 고기와 자라를 이루 다 먹을 수 없고, 재목을 이루 다 쓸 수 없다면 이는 백성으로 하여금 살아 있는 이를 봉양하고 죽은 이를 장사지내는 데에 유감이 없게 하는 것이니, 이것이 곧 왕도(王道)의 시작이다. (〈양혜왕 상 3장〉)

여기에서 왕도의 시작에 대해 이야기하고 있다. 여기서 볼 수 있듯이 왕도정치는 대단히 멋지고 이상적인 정치가 아니다. 백성들이 때에 맞게 농사지을 수 있게 해주어서 곡식을 많이 수확하고 배불리 먹을 수 있게 하는 것, 촘촘한 그물을 사용하지 못하게 해서 고기와 자라들이 더 자랄 수 있게 해주는 것, 도끼와 자귀를 아무 때나 함부로 쓰는 것이 아니라 때에 적절하게 쓸 수 있게 하는 것. 바로 백성들이 잘 먹고 잘 살게 하기 위해 위정자로서 행해야 할 가장 기본적인 것들이다. 결국 왕도정치의 시작이면서 목적은 백성들의 의식주를 해결해 주고 잘 먹고 잘 살게 하는 것이라고 하겠다.

이러한 왕도정치가 행해졌을 때의 사회의 모습은 다음과 같다.

> 5묘의 집에 뽕나무를 심으면 50세 된 자가 비단옷을 입을 수 있다. 개와 돼지와 닭을 기르는 데에 새끼칠 때를 잃지 않게 하면 70세 된 자가 고기를 먹을 수 있다. 백묘의 토지에 농사철을 빼앗지 않는다면 여러 식구가 굶주리지 않을 수 있다. 학교의 가르침을 삼가히 하고 효제(孝悌)의 의리를 펼친다면 머리가 반백이 된 자가 거리에서 짐을 지고 다니지 않을 것이다. 이렇게 70세 된 자가 비단옷을 입고 고기를 먹으며, 백성들이 굶주리지 않고 춥지 않게 하고서도 왕 노릇 하지 못하는 자는 있지 않다. (〈양혜왕(梁惠王) 상〉 3장)

장년이 비단옷을 입을 수 있고, 노인이 고기를 먹을 수 있으며, 또 노인이 거리에서 짐을 지고 다니지 않는 사회, 이것이 바로 왕도정치의 완성이다. 앞에서 살펴본 것과 마찬가지로 대단한 무엇인가 있는 것이 아니다. 그저 백성들이 걱정 없이 잘 먹고 잘 살 수 있는 것, 그것이 바로 왕도정치가 행해졌을 때의 모습이다. 이처럼 백성들을 잘 살 수 있게 해준다면 천하를 다스릴 수 있다고 한다.

《맹자》에는 맹자가 주장했던 왕도정치의 여러 면모를 볼 수 있는데, 다음은 맹자가 패도정치와 비교하여 왕도정치에 대해 이야기한 것이다.

맹자가 말했다. 힘으로써 인(仁)의 행위를 빌린 자는 패자(霸者)이니 패자는 반드시 큰 나라를 소유해야 하고, 덕으로써 인을 행한 자는 왕자(王者)이니 왕자는 큰 나라를 필요로 하지 않는다. 탕왕(湯王)은 70리를 가지고 하셨고, 문왕(文王)은 100리를 가지고 하셨다. 힘으로써 남을 복종시키는 경우, 복종 당하는 사람은 마음으로 복종하는 것이 아니라 힘이 넉넉하지 못해서 복종하는 것이다. 덕으로써 남을 복종시키는 경우, 복종 당하는 사람은 마음 속으로 기뻐하며 진실로 복종하는 것이니 칠십 제자가 공자에게 복종하는 것과 같다. (〈공손추(公孫丑) 상〉 3장)

패자(霸者)는 힘으로 나라를 다스리는 자이고 그래서 더 큰 힘을 위해 큰 나라를 소유하고자 한다. 반면 왕자(王者)는 덕으로 나라를 다스리는 자이기 때문에 덕이 중요하지 큰 나라는 중요하지 않다.

패자는 힘으로 남을 복종시키고자 하는데 그 사람은 힘이 부족해서 복종하겠지만 결코 마음으로 기뻐하며 복종하는 것은 아니다. 왕자는 덕으로 남을 감화시키고자 하는데 그 사람은 패자를 대할 때와 달리 마음 속으로 기뻐하면서 진심으로 복종하는 것이다.

결국 왕도정치, 즉 덕으로 다스리는 정치는 백성들의 마음을 얻을 수 있어서 천하를 다스릴 수 있고, 패도정치는 잠깐 천하를 다스릴 수는 있겠지만 왕을 따르는 백성들이 없어 결국은 왕노릇을 제대로 할 수 없게 된다는 것이 맹자의 논리이다.

이상에서 맹자의 정치론에 대해서 살펴보았다. 민본주의, 역성혁명, 또 왕도정치에 대해 언급했는데, 이것은 별개가 아니라 다 연결되는 공통된 주제라고 할 수 있다. 결국, 백성이 근본이 되는 것, 왕이 제 역할을 하지 못하면 왕도 바꿀 수 있는 것, 그리고 백성들을 잘 먹고 잘 살게 해주는 것, 이것이 바로 맹자가 추구했던 정치론이었던 것이다.

맹자는 각국의 제후들을 만날 때마다 이상의 이야기를 했다. 하지만 "맹자 당신의 말씀은 참 좋은 이야기입니다. 그런데 나는 그러고 싶지 않소"라는 말을 매번 들었다. 즉, 당시에는 맹자의 주장이 받아들여지지 않았던 것이다.

4 현대 사회와 맹자

앞에서 맹자의 사상 중에 인성론과 정치론에 대해 살펴보았다. 이 외에도 교육, 경제, 윤리 등 여러 방면에서 맹자가 전해주는 메시지는 다양하다. 이러한 맹자의 사상은 2천여 년 전의 전국시대에서도 현실의 문제를 이야기하는 현실 지향적인 것이었고, 그것은 21세기의 지금 현대 사회에도 여전히 유효한 것이라고 하겠다.

즉 측은지심과 불인지심은 아무리 각박해진 현대 사회일지라도 여전히 우리의 보편적 마음이라고 할 수 있다. 인과 의에 바탕하면서 백성들을 중시하고 백성들과 함께 하는 정치는 여전히 훌륭한 정치의 모습으로 인정받는다. 왕도정치를 행하면 백성들이 즐겨 따르겠지만 패도정치를 행할 경우 백성들이 겉으로는 복종할지 몰라도 속으로는 그를 따르지 않게 될 것이고 그런 나라는 결국 망하게 될 것이라는 점도 여전히 타당성이 있다.

이러한 인성론과 정치론은 여전히 현대 사회에 가치를 가진다고 할 수 있는데, 이뿐 아니라《맹자》의 내용 중에서 현대 사회에 직접적으로 유의미한 메시지를 전달할 수 있는 내용 몇 가지를 뽑아서 같이 읽어보도록 하자.

첫 번째는 '안정된 생업이 없는 자는 떳떳한 마음도 없다'는 이야기이다.

안정된 생업이 없으면서도 떳떳한 마음을 가지고 있는 자는 오직 선비만이 가능하다. 백성의 경우로 말하자면, 안정된 생업이 없으면 이로 인해 떳떳한 마음이 없어지게 된다. 백성이 만일 떳떳한 마음이 없어진다면 방벽(放辟)과 사치(邪侈)를 하게 될 것이니, 이렇게 해서 죄에 빠뜨린 후에 그들을 형벌한다면 이는 백성을 그물질하는 것이다. 어찌 인한 사람이 임금의 자리에 있으면서 이렇게 할 수 있겠는가. (〈양혜왕(梁惠王) 상〉 제7장)

'항산(恒産)'은 '안정된 생업'을 의미하는 것으로, 이는 먹고 살 수 있게 하는 일정한 수입을 의미한다. 현대의 경우로 보자면, 직장인이라면 고정 월급이고, 자영업 하시는 분이라면 일정한 수입이다. '항심(恒心)'은 '떳떳한 마음'이라고 번역하는데, '착한 마음', '좋은 마음'의 의미이다. 즉 맹자는 먹고 살 수 있는 일정한 수입이 있어야 착한 마음과 좋은 마음도 가지게 된다고 이야기하고 있다.

아무리 고상하고 심오한 이야기를 하면 뭐 하겠는가. 당장 배 고프고 당장 취업이 안 되고 당장 먹고 살기 힘든데, 무슨 사랑을 베풀고 무슨 정의롭고 아름다운 사회를 추구하겠는가.

맹자는 이야기한다. 위정자라면 가장 먼저 백성들에게 항산, 즉 일정한 생업을 마련해 주라고. 만약 항산을 마련해 주지 못한다면, 백성들이 방자하게 되고 법도를 벗어난 행동을 하게 될 것이다. 백성들이 그런 행동을 하게 내버려둔 다음에 그들을 벌하는 것은 마치 그물질하는 것과 같다고 하였다. 즉 백성들이 법도를 벗어난 잘못된 행동을 하는 것은 결국 위정자의 책임이라는 것이다.

다음으로, '선심(善心)'과 '제도적 장치'에 대한 이야기를 해보자. 아주 눈이 밝은 '이루'라는 사람이 있었다. 또 손 솜씨가 좋은 '공수자'라는 사람이 있었다. 그런데 아무리 눈이 밝은 이루도 솜씨 좋은 공수자도 컴퍼스나 자와 같은 도구를 쓰지 않고 눈으로 재면서 손으로 그린다면 네모와 원을 한 치의 오차 없이 완벽하게 그릴 수 없다.

마찬가지로 요순의 도가 있다 하더라도 또 훌륭한 도가 있다 하더라도 그것을 실천할 수 있는 인정(仁政)을 쓰지 않는다면 천하를 다스릴 수 없는 것이다. 그러면서 마지막에 이런 이야기를 한다. "단지 선심만을 가지고는 훌륭한 정치를 행할 수 없고, 단지 제도만 가지고는 스스로 행할 수 없다." 이것은 무슨 의미인가. 선한 정치를 하고자 하는 마음뿐 아니라 이것을 실현할 수 있는 제도적인 장치가 필요하다는 것이다. 그렇게 해야만 훌륭한 정치가 이루어질 수 있다라는 것이 맹자의 주장이다. 요컨대 마음만 있어서는 되지 않는다는 것이다. 실천해야 한다는 것이다. 만약에 위정자가 국민들의 어려운 점을 알게 된다면, '국민들의 삶이 어렵구나'라고 생각만 하지 말고 국민지원금을 주던가, 급여를 올려주던가, 복지를 시행하던가 등등 구체적인 제도를 마련하고 시행하라는 것이다. 대학은 학생들을 위한다라고 말만 하지 말고, 장학금을 많이 주고 좋은 시설을 확충하고 등록금을 저렴하게 해주라는 것이다.

즉 아무리 이루라도 공수자라도 도구가 필요한 것처럼 선한 마음을 가지고 있더라도 그것을 실현할 제도적인 장치가 필요하다는 게 맹자의 주장이다. 대단히 현실적이고 지금도 바로 적용될 수 있는 이야기가 아닌가 생각된다.

다시 앞에서 처음 질문했던 내용으로 돌아가 보겠다. "왜 하필 맹자인가? 이 시대와 이천 년의 시간적 거리가 있고 또 지금의 가치와는 다른 이야기를 하고 있을 것 같은 《맹자》를 왜 읽어야 하는가?"

맹자가 했던 이야기는 이천 년 전의 사회를 배경으로 한 것이지만, 지금의 가치와 다르지 않고 또 지금의 사회에도 적용할 수 있는 내용이라고 하겠다. 즉 맹자의 불인지심, 측은지심, 성선설 등의 인성론, 민본주의, 역성혁명, 왕도정치 등의 정치론, 그리고 그 외 다수의 내용은 여전히 현대 사회에서 유효하다고 답할 수 있다.

참고 문헌

- 朱熹.《孟子集注》.
- 趙岐·孫奭.《孟子注疏》.
- 楊伯峻.《孟子譯注》. 中華書局, 2007.
- 夏傳才.《孟子講座》. 淸華大學出版社, 2008.
- 董洪利.《孟子硏究》. 江蘇古籍出版社, 1997.

더 읽어보기

《맹자》 원전 이해를 더하기 위한 한국어 번역본으로 다음의 책을 추천한다.

성백효.《맹자집주》. 한국인문고전연구소, 2017.

이기동.《맹자강설》. 성균관대학교출판부, 2010.

최채기·양기정.《역주 맹자주소》. 전통문화연구회, 2022.

맹자의 사상과《맹자》의 내용을 이해하기 쉽게 서술한 책을 추천하면 다음과 같다.

신동준.《맹자론》. 인간사랑, 2006.

이천승.《이천승 교수가 읽어주는 맹자》. 파라아카데미, 2022.

전호근.《맹자, 우리는 어떤 통치자를 원하는가》. EBS BOOKS, 2022.

주광호.《맹자, 나를 이기는 힘》. 도서출판 문, 2012.

푸페이룽.《맹자 교양 강의》. 돌베개, 2010.

산돼지

자기혁명과 사회개조의 문학

이상우

1 김우진, 그의 삶과 문학

극작가이자 시인, 소설가, 평론가, 번역가였던 김우진(金祐鎭, 1897~1926)은 1897년 9월 19일(음력) 전라남도 장성군 장성 관아(官衙)에서 출생하였다. 아버지 초정(草亭) 김성규(金星圭, 1863~1935)와 어머니 순천 박씨(1864~1901) 사이에서 2남 중 장남으로 태어났으며, 생모 박씨는 김우진이 만 4살 되던 해에 사망하였다. 그는 1905년 부친 김성규가 전남 장성군 동산동에 설립한 호남선우의숙(湖南先憂義塾)에서 수학하며 한학(漢學)을 공부하였다. 1906년에 그의 부친이 도적을 피해 목포로 이주한 일이 있었는데, 이를 계기로 이듬해인 1907년에 솔가하여 전남 목포부(木浦府) 북교동(北橋洞) 4번지로 삶의 터전을 옮기게 되었다. 훗날 김성규는 이 집의 가호(家號)를 '성취원(成趣園)'이라고 호명하였다. 성취원이 있던 자리가 현재는 북교동 성당이 되었다.

목포로 이주한 김우진은 목포공립보통학교(1910년 졸업)에서 근대식 교육을 받았고, 이후 일본 유학을 준비하면서 잠시 일본인 학교인 목포공립심상고등소학교(1913년 수료)를 다녔다. 1914년 12월 일본 유학을 위해 규슈에 있는 구마모토로 건너갔고, 이듬해인 1915년 4월 당시 일본의 3대 농업학교 중의 하나로 명성이 높던 구마모토(熊本)농업학교에 입학하였다. 1916년 구마모토농업학교 2학년 재학 중에 19세의 나이로 집안에서 정혼한 정봉현의 딸 정점효(鄭点孝)와 결혼하였다. 당시만 해도 근대식 교육을 받은 지

북교동 성당(김우진 목포집터)

식 청년들마저 전근대적 결혼관습에 따라 자신의 의지와 무관하게 집안에서 정해준 배필과 조혼(早婚)하는 것이 일반적 경향이었다. 당시의 관습으로 볼 때 만 19세였던 김우진의 경우는 조혼이라고 보기는 어렵다. 1918년 3월에 구마모토농업학교를 졸업하였고, 4월에 일본의 사립 명문 와세다(早稲田)대학 예과에 입학하였다. 이때에 장녀 진길(辰吉)이 태어났다.

1920년 4월에 김우진은 와세다대학 문학부 문학과(영문학 전공)에 진학하였다. '문학부'는 오늘날의 문과대학에 해당하며 '문학과(영문학 전공)'는 오늘날의 영문학과에 해당한다. 김우진은 와세대대학 문학부 1학년때 조명희, 홍해성, 김영팔, 최승일 등 도쿄 유학생들과 함께 극예술협회를 조직하였다. 본과 2학년에 진학한 1921년 6월에는 평론 〈소위 근대극에 대하여〉를 동경유학생학우회 기관지 《학지광》에 발표하여 본격적인 근대극론을 주창하였고, 7-8월에는 하기 방학을 이용하여 극예술협회 회원들이 주축이 된 동우회 순회연극단의 고국 순회공연에 무대감독의 역할로 참가하였다.

1924년 3월에 와세다대학을 졸업하고 고향 목포로 돌아온 김우진은 부친 김성규가 설립한 상성합명회사(祥星合名會社) 사장에 취임하였다. 이 회사는 김우진 가문의 농지와 재산을 관리하는 회사였는데, 와세다대학에서 문학을 공부하고 근대극운동에 참여한 김우진에게 가업을 계승한 회사생활이 답답함을 느끼게 했을 것임은 자명한 사실이다. 그는 문학의 길을 가고 싶었으나 아버지의 엄명에 의해 어쩔 수 없이 가업을 잇기 위해 회사 운영에 참여하였다. 그러한 답답함에서 다소나마 벗어나기 위해 그는 1925년 5월 목포의 문학청년들을 규합하여 문학동호회 '오월회'를 만들고, 문예지 《소시에테 메(Société Mai)》를 발간하였다. 그해 6월에는 장남 방한(芳漢)이 태어났다.

1925년부터 김우진은 희곡 〈정오〉, 〈이영녀〉, 〈난파〉 등의 희곡을 창작하였다. 그리고 1926년 5월 신극운동의 야심을 담은 평론 〈우리 신극운동의 첫 길〉을 발표하고, 6월 신극운동의 큰 꿈을 실천하기 위해 목포의 집을 나와 서울을 거쳐 일본 도쿄로 건너갔다. 7월에 도쿄에서 마지막 작품 〈산돼지〉를 탈고하고, 8월 2일 자신의 연인이자 소프라노 가수 윤심덕과 재회하였다. 그리고 8월 4일 시모노세키에서 출발한 관부연락선 도쿠슈마루(德壽丸)호를 타고 조선으로 건너오던 중 윤심덕과 함께 현해탄에서 투신, 사망하였다. 김우진과 윤심덕의 죽음은 조선 최고의 스캔들로 알려져 큰 화제가 되었다.

김우진은 호남의 명문가 출신이었다. 조부 김병욱(金炳昱, 1808~1885)은 실학사상의 영향을 받은 유학자로서 현풍 현감을 지냈다. 부친 김성규(金星圭, 1863~1935)는 반계 유형원과 다산 정약용의 영향을 받은 개혁적 유학자로서 특히 전제(田制)와 양전(量田) 문제 등 농업개혁에 관심이 컸다. 홍콩 주재 유럽 5개국 전권대사 서기관에 임명되어 해외 근무를 하기도 했고, 고창 현감, 장성 군수, 강원도 관찰사 등의 관직을 역임하였다(양승국 1998, 56-57). 외국의 신학문을 익히는 데도 관심이 커서 농업개혁과 사회개혁에 대한 관심이 많았다. 전라남도 장성에 호남선우의숙을 세워 후학을 양성한 것도 그러한 맥락에서였다. 조부와 부친의 개혁사상은 김우진에게 커다란 영향을 끼쳤다. 개혁적 실학파였던 조부와 부친의 영향으로 김우진은 자연스럽게 개혁적이고 진보적인 사상을 체득하게 되었을 뿐만 아니라 어려서부터 한학을 익혀 뛰어난 한문 실력을 갖추게 되었다. 이러한 유교 교양의 토대 위에 형성된 '신라 성족(聖族)의 후예'라는 가문에 대한 자부심은 그를 올곧은 성품의 인문 지식인으로 성장하게 만든 요인이 되었다.

그러나 이러한 명문가의 환경은 오히려 김우진에게 억압과 속박으로 작용했다. 가문의 명성은 문학과 연극운동에 몰두하려던 그의 예술적 열망을 억압하는 요소로 작용했다. 호남 유수 명문가의 장자(長子)로서 가문에 대한 책임이 막중했던 그가 예술가로서 자신의 꿈을 실현하는 것은 매우 난망한 일이었다. 이러한 점은 일생 그에게 갈등과 번민의 요인이 되었다.

구마모토농업학교에서 본격적으로 신학문을 공부한 김우진은 영어와 문학 분야에서 뛰어난 재능을 나타낸 수재였다. 구마모토농업학교 성적표를 참고하면, 영어 97-99점, 수신 100점, 논문 95점, 독서 90전을 받았고, 3학년 평균 점수는 80점이며 60명 중에 18등을 차지했다. 특히 영어와 문과 과목에서 우수한 성적을 받았음을 알 수 있다. 당시 구마모토농업학교가 일본의 수재들이 많이 모인 3대 명문 농업학교였던 점을 감안하면 그의 성적은 상당히 우수한 편에 속한다. 김우진은 동생 철진과 구마모토농업학교에서 함께 유학을 했다. 그와 그의 실제(實弟) 철진이 구마모토로 유학을 가게 된 것은 당시 그의 일가친척이 구마모토에서 목재상을 하고 있었기 때문이었다. 당시 김우진, 김철진과 구마모토농업학교 동창생이었던 마스무라 신지(增村信治)의 회고에 의하면 김우진의 동생 철진은 몸이 매우 강건하고 성격이 명랑하였으나 김우진은 허약하고 내성적이고 사색적이었으며, 영어를 잘해서 영어 교사 마쓰자키(松崎) 선생에게 총애를 받았다고 한다(나리사와 카츠 1983, 306-307). 김우진의 내성적이고 사색적인 성격, 영어 과목에 대한 애착이 결국 그를 영문학도로 이끈 원인이 되었던 것으로 보인다.

농업학교를 마친 김우진은 와세다대학 예과(1918~19)를 거쳐 문학부 문학과(1920~23)에서 영문학을 전공하였다. 그가 전공 학문을 영문학으로 택하게 된 것은 이미 구마모토농업학교 시절에 보여준 영어와 문학에 대한 재능과 열정이 원인이 되었음은 물론이다. 김우진이 본과에 진학한 1920년에 와세다대학은 일본 문부성 인가를 받아 법학부, 문학부, 상학부, 이공학부의 종합대학 체제를 구축하여 비서구권 최고 수준의 고등교육기관으로서의 면모를 갖추고 있었다(정대성 2007, 445). 김우진은 영문학과에서 히다카 다다이치(日高只一), 요시다 겐지로(吉田源二郞), 요코야마 유사쿠(横山有策) 교수 등에게 영문학을 배웠다. 특히 요코야마 교수의 〈셰익스피어 및 말로〉, 히다카 교수의 〈영미의 신극운동〉 등이 그에게 큰 영향을 끼친 과목이었다. 와세다대학 학적부를 보면, 그의 보증인은 한치유(韓致愈)이며, 그의 신분은 '사족(士族)'으로 표기되어 있다. 그가 조선의 명문세족 출신으로 분류되었음을 알 수 있다.

그는 와세다대학 재학 중에 특히 문학 창작에 열의를 보였다. 일본어 소설 〈동굴 위에 선 사람〉(1921. 6)을 비롯해 평론 〈조선말 없는 조선문단에 일언함〉(《중외일보》, 1922. 4), 〈애란인으로서의 버나드 쇼〉, 〈스펙테이터의 역사〉, 〈셰익스피어의 생애〉 등 시, 소설, 평론을 창작하였는데, 특히 희곡과 연극에 큰 애착을 보였다.

2 근대극운동의 초석을 놓다

와세다대학 본과 1학년인 1920년에 김우진은 도쿄 유학생 홍해성, 조명희, 유춘섭, 고한승, 조춘광, 김영팔, 최승일 등과 함께 극예술협회를 조직하였다. 극예술협회에서는 주로 서양 고전극 및 근대극에 대한 연구와 토론 활동을 벌였는데, '재동경 조선유학생 학우회'(동경유학생학우회) 회원들이 주축을 이루고 있었다. 조선인 유학생 단체인 동경유학생학우회(1912)는 기관지 《학지광(學之光)》을 발간(1914년 창간)하였고, 1910년대 중반부터 매년 연말에 유학생 망년회를 개최하여 여흥으로 연극을 공연하였다. 1918년 연말에는 최승만의 희곡 〈황혼〉을 공연하였다. 1910년대 후반에 도쿄 유학생들에 의해 한국의 근대 희곡이 탄생했다고 해도 과언이 아니다(이상우 2019, 321-327). 한국 최초의 근대희곡 〈규한〉(1917)도 당시 와세다대 학생 이광수에 의해 씌어져 잡지 《학지광》을 통해 발표되었다.

1919년 2월 8일 일본 도쿄에서 동경유학생학우회의 주도로 이른바 2.8 독립운동이 전개되었다. 동경유학생학우회는 도쿄 YMCA에서 이광수가 기초한 독립선언서를 낭독하고, 히비야(日比谷)공원에서 독립운동 시위를 벌였고, 다수의 조선 유학생들이 일경에 체포, 투옥되었다. 이들의 독립운동은 곧바로 본국으로 전파되어 3·1운동의 도화선 역할을 하였다. 3·1운동은 조선총독부의 식민통치를 무단통치에서 문화통치로 변화시키는데 기여했다. 이에 따라 신문 《조선일보》와 《동아일보》, 잡지 《개벽》 등이 발간되었는데, 특히 《동아일보》 주도의 문화운동이 눈에 띄었다. 1920년대 초 문화운동은 3·1운동 직후에 활발하게 펼쳐진 학생, 청년운동의 일환으로 전개되었는데, 연극운동은 그러한 문화운동의 한 형태였다. 1921년 7-8월에 전개된 동우회와 갈돕회의 순회공연은 3·1운동 직후에 나타난 최초의 연극운동이라고 할 수 있다. 1923년 여름에는 형설회의 순회공연이 있었다. 이들의 순회공연에서는 연설, 음악회, 연극공연 등이 열렸는데, 이 중에서 하이라이트는 연극공연이었다.

동우회 순회연극단은 실질적으로 1920년 김우진을 비롯한 도쿄 유학생들이 만든 극예술협회가 주축이 된 연극단체였다. 따라서 극예술협회 활동의 연장선상에 있었던 것이라고 해도 과언이 아니다. 형식적으로는 일본에 체류하는 조선인 고학생 단체인 동우회가 조직한 순회 연극단이었으나 동우회 순회연극단의 핵심적인 역할을 했던 것이 바로 1920년에 김우진이 주도해서 설립한 극예술협회라고 할 수 있다. 동우회 순회연극단은 1921년 30명 규모로 조직이 되어서 7월부터 8월까지 한 달간 전국을 순회하면서 공연을 하게 된다. 이들이 내세웠던 모토는 문화 선전과 계몽이라고 하는 것인데 이는 일종의 청년 문화운동이라고 할 수 있다. 민족계몽을 목적으로 한 청년문화운동이라고 봐도 좋을 것이다. 이들이 내세운 순회공연의 목적은 고학생을 위한 기숙사 건립 모금이었다. 동우회 순회연극단의 공연은 순회하는 지역마다 지역 주민들로부터 열띤 지지와 환영을 받았다. 그들의 순회공연은 후원하는 단체의 역할이 매우 컸다. 특히 동아일보가 동호회 순회연극단의 후원자 역할을 자처했는데, 각 지역에서 순회공연을 할 때마다 신문을 통해서 대대적인 선전을 해주었고, 각 지역의 동아일보 지국이 순회공연의 후원자 역할을 했다. 동아일보사 이외에 조선노동공제회, 천도교청년회, 조선교육회 등 노동, 종교, 교육단체들이 순회공연 지원을 뒷받침했다(이상우 2017, 42-44).

당시에 동우회 순회연극단은 단장을 비롯해 정리위원, 사교위원, 무대

감독, 연사, 음악부 등으로 구성되었는데, 단장은 동경유학생학우회의 간부였던 임세희(와세다대)가 맡았고, 정리위원과 사교위원은 순회공연의 행정적, 실무적 지원을 담당하였는데 사회주의자와 민족주의자를 망라한 광범위한 사회 인사, 지역 유지들이 그 역할을 맡았다. 김우진은 연극 공연의 실무 책임자인 무대감독을 맡았고, 연사(演士)는 순회공연에 참여한 배우들을 지칭하는데 홍해성, 홍난파, 마해송 등을 비롯한 극예술협회 회원들이 그 역할을 맡았다. 음악부에는 홍난파와 윤심덕이 포함되어 있었는데, 동경음악학교를 중퇴하고 《매일신보》 기자로 일했던 홍난파와 동경음악학교 재학생 윤심덕이 바이올린 연주와 독창을 맡았다.

홍해성은 당시 일본 주오대학(中央大學) 법학과 학생이었는데, 연극에 뜻을 두고 니혼대학(日本大學) 예술과로 편입하였다. 당시 니혼대학 예술과는 일본 내에서 유일하게 연극·영화를 가르쳤던 학과였다. 홍해성은 연극을 본격적으로 공부하기 위해서 니혼대학 예술과로 편입을 결심하게 된 것이다. 동경음악학교 출신의 홍난파는 당시 《매일신보》 기자로 재직하다가 순회연극단에 가담하여 연극 〈최후의 악수〉의 대본 창작과 바이올린 연주에서 맹활약한 핵심 멤버의 하나였다. 훗날 〈봉선화〉의 작곡자이자 바이올리니스트로 명성을 얻었다. 일본 도요대학(東洋大學) 철학과 학생이었던 조명희는 순회공연에서 〈김영일의 사〉의 희곡 작가로 참여하게 된다. 이후 조명희는 카프(KAPF)의 대표적인 소설가로 활동하게 되는데, 〈낙동강〉이라는 프롤레타리아 소설이 그의 대표작이다. 1928년에 그는 소련으로 망명하였다가 1938년 일본 스파이 혐의로 사형선고를 받고 총살당하였다.

아동문학가로 유명한 마해송은 당시 16세로 순회연극단의 회원 중에 가장 나이가 어렸고, 미소년 같은 외모를 가지고 있어서 동우회의 연극 공연에서 여자 배역을 맡았다. 동우회 순회연극단의 연극 공연은 한국 최초의 근대극 공연이라 할 수 있는데, 근대극이라고 하면 여자 배역은 여배우가 연기하는 것이 바람직하지만 동우회 순회연극단의 연극 공연에서는 여자 배역을 남자 단원이 연기했다. 그런 점에서 근대극으로서 한계를 갖는다. 동우회 순회연극단에는 동경음악학교 학생 윤심덕이라는 여성 단원이 있었지만 음악회에서 독창을 불렀고 연극 공연에는 참여하지 않았다. 그는 졸업 이후 귀국하여 한국 최초의 소프라노 가수로 활동하였다.

이러한 다양한 인물들이 동우회 순회연극단에서 활동을 하였는데, 단원 중에 이념적인 성향을 보면 좌파와 우파가 다 망라되어 있었다고 해도 과언이 아니다. 동우회 순회연극단 단원 중에 아나키스트 계열의 사회주의자도 있었고, 우파 민족주의자도 있었다. 그만큼 좌우 이념을 가리지 않고 일종의 민족운동, 문화운동으로서 학생, 청년들이 순회연극 활동에 대거 참여했음을 알 수 있다. 당시에 순회공연의 실질적인 연출은 김우진이 했던 것이 아니라 도모다 교스케(友田恭助)라는 일본인이 했다고 알려져 있다. 도모다 교스케는 와세다대학 독문과 학생이었는데, 이미 재학 중에 '와카모노자(若者座)' 극단을 창단해서 활동하던 현역 연극인이기도 했다. 그는 김우진과 와세다대학 문학부 재학생이라는 교분으로 동우회 순회연극단의 연극에 실질적인 연출을 맡았다. 도모다 교스케는 1924년에 일본의 대표적인 근대극 단체 쓰키지소극장의 단원으로 활동하게 되는데, 김우진의 친구인 홍해성이 쓰키지소극장에 배우로 입단할 수 있도록 도움을 주었다.

동우회 순회연극단은 1921년 7월 9일부터 8월 18일까지 약 40일에 걸쳐서 부산에서 출발해서 남선(南鮮) 지역을 거쳐 북선(北鮮) 지역의 평양, 진남포, 원산까지 모두 12개 도시에서 공연 활동을 하였다. 본래 더 많은 지역을 돌아다니면서 순회공연을 할 예정이었지만 장마와 폭우로 인해 12개 도시에서 공연을 하게 되었다. 평양에서 공연할 때는 경찰이 공연 중지 명령을 내려서 공연이 중단되기도 했다. 당시 식민지 조선의 극장에는 이중, 삼중의 검열이 있었는데, 연극공연 이전에 먼저 지역 경찰서에 대본을 제출해서 사전 대본검열을 받을 뿐 아니라 연극을 공연할 때 극장에서 다시 임석경찰에 의한 공연검열을 또 받았다. 현장 공연검열은 극장에서 임석경찰이 사전에 제출된 공연대본을 앞에 놓고 공연대본대로 공연하는지를 확인하게 되는데, 대본과 다르게 공연하면 임석경찰이 현장에서 공연을 중지할 수 있는 권한을 갖고 있었다. 그런데 당시에 평양 공연에서 단원 중에 한 명이 대본에 없는 "십 년 전에는 자유가 있었는지 모르지만 지금은 자유가 없다"라는 매우 의미심장한 대사를 하였다. 십 년 전이라고 하면 한일합방을 의미하는 것으로 여겨졌으므로 임석경찰에 의해서 바로 공연이 중지되었음은 물론 단원들이 경찰서에 끌려가 조사를 받게 되었다.

당시 순회연극단의 공연 순서로 소개사, 개연(開演)의 말, 음악회, 연극 공연이 있었다. 소개사는 대개 지역 유지가 맡았고, 개연의 말은 순회연극단단장 임세희가 맡았다. 이어서 바이올린 연주와 독창은 홍난파와 윤심덕에 의해 이루어졌다. 연극 공연이 순회공연의 하이라이트가 되었음은 물론이다. 연극 공연은 세 편이 동시에 이루어졌는데, 당시 극장에서는 하루에 세 편의 작품을 공연하는 것이 일종의 공연 관습이었다. 그에 따라서 〈최후의 악수〉, 〈김영일의 사〉, 〈찬란한 문〉 세 작품을 공연했다. 그러나 실제 공연에서는 여러 지역 사정에 의해 세 편 모두 공연된 사례는 많지 않았다. 〈최후의 악수〉는 홍난파가 그 무렵에 《매일신보》에 발표한 소설을 각색해서 공연했는데, 동우회 순회연극단의 공연 준비 기간에 신문 연재된 것으로 보아 순회공연을 위한 작품으로 씌어진 것으로 보인다. 소설이 연재될 당시에 홍난파는 도쿄에 머물면서 순회연극단의 연습에 참여하고 있었다. 〈최후의 악수〉는 '정극(正劇)'이라는 타이틀로 공연되었는데, 이는 정통 드라마라는 의미를 갖는다. 그리고 조명희가 쓴 희곡 〈김영일의 사〉가 '비극(悲劇)'이라는 타이틀로 공연되었는데, 이 작품은 도쿄 유학생인 김영일이 가난과 병마로 비참한 죽음을 맞게 되기 때문에 비극이라는 장르명을 갖게 된 것이다. 그리고 세 번째로 아일랜드 극작가 던세이니(Lord Dunsany)의 희극(喜劇) 〈찬란한 문〉을 공연했다. 이 작품은 김우진이 번역을 맡았다. 〈찬란한 문〉이 레퍼토리에 포함된 것은 동우회 순회공연에서 도모다 교스케의 영향이 컸다는 것을 말해준다. 동우회 순회연극의 실질적인 연출을 맡은 도모다 교스케가 이 무렵 와카모노자(若者座)라는 극단을 만들어서 공연 활동을 하였는데, 와카모노자가 공연한 작품 중 하나가 바로 던세이니의 〈찬란한 문〉이었다. 와카모노자는 1921년 6월에 도쿄 마루

노우치 철도협회 강당에서 제3회 공연으로 던세이니의 세 작품, 〈찬란한 문(天國の扉)〉, 〈아라비아인의 천막(アラビア人の天幕)〉, 〈여인숙의 하룻밤(旅宿の一夜)〉을 히지가타 요시(土方與志)의 연출로 공연하였다(大笹吉雄 1985, 281). 비록 번역을 김우진이 맡기는 했지만 당시의 정황으로 볼 때 도모다 교스케에 의해 순회연극 레퍼토리로 추천되었을 가능성이 있다고 생각된다.

그러면 세 작품이 당시에 근대극으로서 어떤 의미를 갖고 있는 것일까. 홍난파가 쓴 〈최후의 악수〉의 내용은 입센의 〈인형의 집〉과 상당히 유사하다. 입센의 〈인형의 집〉은 1879년에 발표된 근대극의 기원이라고 할 만한 상징적 고전이다. 이 작품에서 입센은 남성 중심 가부장제 사회에 대한 여성의 자각을 강조함으로써 세계적인 여성해방사상가로 각인되게 되었다. 입센의 〈인형의 집〉에 의해 유럽에서 여성의 자각, 여성의 해방이 하나의 사회적 이슈로 떠오르게 되었고, 이는 이후 1910-20년대 동아시아에도 큰 영향을 미치게 되었다. 일본에서는 1911년에 쓰보우치 쇼요(坪內逍遙)가 이끄는 분케이교카이(文藝協會)에 의해 연극 〈인형의 집〉이 공연되었고, 이 공연에서 주인공 노라 역을 맡은 여배우 마쓰이 스마코(松井須磨子)는 '신극 여배우' 1호라는 영광의 타이틀을 얻게 되었다. 한국과 중국에서는 일본보다 약 10년 정도 늦게 입센의 〈인형의 집〉이 번역, 소개되었다. 1921년에 한국에서도 양백화, 박계강 공역으로 〈인형의 집〉이 《매일신보》에 번역 연재(1921. 1. 23 - 4. 2)되면서 이른바 입센주의 열풍이 불게 된다. 〈인형의 집〉을 모티프로 해서 씌어진 홍난파의 〈최후의 악수〉도 입센의 여성해방사상을 담은 '입센주의' 소설이라고 할 수 있다. 이 작품의 여주인공 화봉

(花鳳)은 〈인형의 집〉에 나오는 주인공 노라와 유사한 인물이며, 작품의 주제 역시 신여성의 자각이라는 점에서 〈인형의 집〉과 유사성을 갖고 있다. 이 작품을 동우회 순회연극단이 공연 레퍼토리로 선정했다는 것은 상당히 의미심장하다. 순회공연을 통해 식민지 조선에 근대 여성해방사상을 전파하려고 한 의도를 보여준 것이라고 볼 수 있다.

〈김영일의 사〉는 도쿄의 고학생 김영일의 비참한 죽음을 통해서 당시 민족의 고난과 참상을 은유적으로 보여주는 작품이라고 할 수 있다. 그래서인지 이 작품은 순회연극단의 공연 작품 중에서 관객들에게 가장 많은 인기를 누렸다. 비참한 죽음을 맞은 김영일이라는 인물은 당시에 조선 관객들에게 망국민인 우리 민족을 은유하는 것으로 비치게 해준 것으로 보인다. 그리고 세 번째 작품 〈찬란한 문〉은 민족운동, 사회운동으로서 특별한 의미를 가지는 작품은 아니지만 이 작품이 레퍼토리로 들어가게 된 것은 아일랜드 작가의 작품이라는 사실이 중요하게 작용한 것 같다. 3·1운동 직후에 조선 내에서 아일랜드 문제에 대한 관심이 매우 높아지는데, 그것은 아일랜드가 당시에 식민지 조선과 비슷하게 식민지의 처지에 있었기 때문이다. 영국의 식민지배를 받고 있었던 아일랜드는 1916년 부활절 봉기 이후 꾸준한 독립운동을 전개하여 1921년 영국 정부로부터 아일랜드 자유국이라는 이름으로 자치령을 부여받게 되었다. 아일랜드의 독립운동과 자치령 획득을 지켜본 조선은 일본의 직접적 식민통치에서 벗어나서 조선인에 의한 자치권을 획득해야 한다는 담론이 당시 한국과 일본 지식인들 사이에서 활발하게 일어나게 되었다. 자치운동 담론으로 아일랜드가 큰 이슈로 떠올랐던 무렵이었기 때문에 아일랜드 연극이 순회공연 레퍼토리 안에 들어간 것은 매우 자연스러운 현상이었다.

당시에 동우회 순회공연에서 김우진은 이론과 실천을 겸비한 근대극운동가로서의 면모를 보여주었다. 동우회 순회연극단의 무대감독을 맡았고, 연극 레퍼토리 〈찬란한 문〉의 번역을 맡기도 했을 뿐만 아니라 순회공연이 있기 직전인 1921년 6월에 잡지 《학지광》에 〈소위 근대극에 대하여〉라는 평론을 발표하여 근대극운동가로서 조선의 근대극운동에 대한 자신의 신념과 주장을 제시하였다. 이 평론에 나타난 김우진의 근대극 운동에 대한 생각과 신념이 1921년 7-8월에 있었던 동우회 순회공연을 통해서 일부 실천된 것이라고 볼 수 있다.

3 자기혁명, 사회개조로서 연극론과 희곡

김우진은 1921년 와세다대학 문학과(영문과) 2학년 재학 중에 〈소위 근대극에 대하여〉라는 평론을 썼다. 이는 동우회 순회연극단의 활동 직전에 발표한 평론으로서 김우진 연극평론의 출발점이 된다는 점에서 의미심장하다. 이 글을 필두로 해서 1926년 7-8월에 발표한 〈우리 신극운동의 첫 길〉

(《조선일보》, 1926. 7. 25. - 8. 2)이라는 평론에 이르기까지 김우진은 여러 편의 연극 평론을 집필, 발표했다. 그는 마지막 평론 〈우리 신극운동의 첫 길〉을 통해 자기 나름의 조선 근대극 이론을 창출했다.

김우진의 연극평론은 주로 서구 근대극운동의 수용에 초점이 맞춰져 있었다. 그러한 점은 첫 번째 평론 〈소위 근대극에 대하여〉(《학지광》, 1921.6)부터 시작해서 〈자유극장 이야기〉(《개벽》, 1926.5), 〈구미 현대 극작가(소개)〉(《시대일보》, 1926, 1-6)라는 평론을 통해서 잘 나타나는데, 마지막 평론 〈우리 신극운동의 첫 길〉에 이르게 되면 서구 근대극운동의 수용을 넘어 조선 근대극운동의 고유한 내용이 무엇이며, 방법론이 무엇인지에 대해 제시하게 된다. 평론 〈우리 신극운동의 첫 길〉은 김우진이 신극운동의 포부를 갖고 목포의 집을 출가하여 도쿄로 건너가 홍해성과 함께 집필한 것이다. 그밖에 연극 논문으로 〈인간과 초인(Man And Superman: A Critical Study of It's Philosophy)〉이라는 와세다대학 영문과 졸업 논문이 있다. 이 논문은 영국의 극작가 버나드 쇼의 희곡 〈인간과 초인〉에 관한 연구인데, 이 희곡론을 통해서 김우진의 생명력사상을 엿볼 수 있다.

첫 번째 평론 〈소위 근대극에 대하여〉를 통해서 김우진은 근대극의 중요성, 근대극의 필요성에 대해서 강조하였는데, 그는 '근대극이라고 하는 것은 인류 영혼의 해방과 구제를 위한 연극'이라고 주장하였다. 이러한 연극을 위해서 조선에서 가장 필요한 것이 서구 근대극의 번역과 수용이라고 하였다. 그리고 서구 근대극운동의 모델로서 프랑스의 자유극장, 독일의 자유무대 등을 소개하였다. 프랑스, 독일 근대극운동에 나타나는 자연주의 연극과 소극장운동에 대해서 집중 소개하고 있는 글이라고 할 수 있다.

평론 〈자유극장 이야기〉는 서구 근대극운동의 대표적인 단체인 프랑스 자유극장을 소개하는 글이다. 자유극장의 소개를 통해 서구 근대극운동이 지닌 성격의 단면을 독자들이 이해할 수 있게 한 평론이다. 평론 〈구미현대 극작가〉는 상당히 긴 분량의 연재물로서 밀른, 피란델로, 차페크, 오닐 등 다양한 서구 극작가를 상세히 소개하였는데, 당시 평론으로는 보기 드물게 서양 근대 극작가에 대한 충실한 소개가 돋보이는 글이다. 특히 눈에 띄는 점은 표현주의 연극에 주목했다는 점이다. 당시 김우진이 표현주의 연극을 반동적이고 혁명적인 연극으로 평가하고 중시하고 있다는 점을 잘 보여주는 사례라 할 수 있다. 서구 근대극운동은 기본적으로 사실주의 연극을 중심으로 전개되었음에도 불구하고 김우진은 근대 사실주의 극보다도 표현주의 극에 특히 주목했다. 그가 표현주의 연극에 주목한 것은 그것이 갖고 있는 반동적이고 혁명적인 연극으로서의 가능성에 있음은 분명하다.

그의 마지막 평론 〈우리 신극운동의 첫 길〉이 중요한 것은 다른 평론들이 조선의 근대극운동을 전개하기 위한 하나의 수단이자 방법으로서 서구 근대극의 번역과 수용을 강조하는 데 초점이 맞춰져 있다고 한다면, 이 글에서는 단순한 서구 근대극의 수용을 넘어서서 조선적 근대극의 방법론을 모색했다는 점에서 큰 의미가 있다. 식민지 조선의 실정에 맞는 신극운동을 하려면 어떠한 방안을 강구해야 할 것인가에 대해서 그는 여러 가지 방안들을 제시했다. 이 글은 김우진 혼자 쓴 게 아니라 1920년 극예술협회의 동지였던 절친 홍해성과 둘이 공동 집필한 평론이다. 이 글에서 개진되었던 신극운동의 실천적 방안들은 김우진이 죽고 난 후인 1930년대에 극예술연구회에 의해서 상당 부분 실천되었다. 공동 집필자 홍해성이 극예술연구회의 창립회원으로 참여하여 초창기 공연 활동을 주도하면서 〈우리 신극운동의 첫 길〉에 나타난 조선적 근대극 창출을 위한 실천 방안들을 실제로 극예술연구회를 통해서 적용할 수 있었다.

김우진의 와세다대학 졸업논문 〈인간과 초인〉은 버나드 쇼의 희곡과 연극을 소개한 글로서 버나드 쇼가 강조했던 생명력(life force)이라는 개념을 비판적으로 수용했다는 점에서 대단히 중요한 의미를 갖는다. 김우진은 한국 근대문학사에서 극작가로서뿐만 아니라 문학평론가로서도 중요한 위상을 차지하는데, 김우진 문학사상의 중요한 개념 중 하나가 바로 '생명력'이다. 그런데 김우진이 문학비평을 통해 강조했던 '생명력'은 버나드 쇼의 생명력 개념에서 영향을 받은 것이지만 단순한 수용이 아니라 버나드 쇼의 개념을 비판적으로 수용했다는 점에서 의미가 있다. 그는 생명력을 개인이 존재의 변화를 불러일으키는 하나의 힘이라고 봤고, 더 나아가서는 민중이 자기가 처한 환경을 극복하기 위한 의지로 해석을 했다. 그래서 조선인에게 있어서 꼭 필요한 힘이 바로 생명력이라고 하는 것을 자신의 평론과 작품을 통해서 강조하였다.

김우진의 조선적 근대극론의 창출에서 중요한 것은 표현주의 극을 수용했다는 점을 들 수 있는데, 그는 표현주의 연극을 혁명적이고 반동적인 연극으로 보았고 이를 희곡 창작을 통해 반영하려고 노력했다. 그 대표적인 작품이 〈난파〉와 〈산돼지〉라는 희곡이다. 특히 〈산돼지〉는 김우진이 죽기 전에 쓴 마지막 희곡인데, 그는 자신이 구상했던 근대극론을 작품에 반영하려고 노력했다. 그는 〈산돼지〉를 서울에 있는 조명희에게 우편으로 보내면서 "〈산돼지〉는 포부를 가지고 쓴 최초의 것"이라고 편지에 썼다. 그만큼 〈산돼지〉는 자신이 그동안 주장했던 연극론, 창작관이 응집된 작품이라고 할 수 있다.

김우진이 쓴 희곡은 전부 다섯 편인데, 그중에서 특히 〈이영녀〉, 〈난파〉, 〈산돼지〉가 주목할 만한 작품이라고 할 수 있다. 이 외에 〈정오〉, 〈두더기 시인의 환멸〉이라는 희곡이 있다. 김우진의 희곡 중에서 '자기혁명의 문학, 사회개조의 문학'으로서 특징을 갖는 작품으로 〈난파〉, 〈산돼지〉를 자세히 살펴보기로 하자.

〈난파〉(1926)는 자신을 둘러싼 억압과 속박에 저항하는 주인공 시인의 내면적 투쟁을 표현주의 기법으로 그린 작품이다. 〈난파〉의 중요한 대목이라고 할 수 있는 부분을 인용해 보면 다음과 같다.

> 신주(神主) 아들아, 손자야. 너희들은 다만 아들 노릇 손자 노릇이 첫 의무다. (…) (고개 질을 하며) 안 된다. 안 돼. 시인은 시인되기 전에 내 손자 내 아들의 자식 노릇을 해야 한다.
>
> 시인 (가슴이 터질 듯한 소리로, 그러나 환희에 못이기는 듯) 아, 내게 힘만 줍시오. 힘만. 모든 것을 정복시킬! ① (김우진 1983, 72-93)

연극 〈이영녀〉 공연 사진

비비　글쎄 나 모양으로 지금이라도 절연(絶緣)을 해버려요. 인연을 끊어버려요. 그러면 날 보고 달아나듯이 당신에게 어머니 권리는 못 내두를 테니까. 군두 뛰는 것으로만 알라니까 그래! ② (김우진 1983, 79)

시인　(…) 날 혼자 빠지게 해 주우. 아, 난파란 것이 이렇게 행복이 됩니까? 난파란 것이 이렇게 행복이 됩니까? ③ (김우진 1983, 88)

이 대사들은 한 장면에 동시에 나오는 대사는 아니며, 〈난파〉의 세 부분에서 발췌한 것이다. ①에서 신주(神主)는 주인공인 시인의 할머니인데, 신주의 대사에 "아들 노릇 손자 노릇이 첫 의무다"라는 점이 강조되고 있다. 아들 노릇, 손주 노릇을 강조하는 신주의 대사에 반응하여 시인은 "모든 것을 정복할 힘을 달라"고 갈망하고 있다. 그리고 ②에서 비비는 시인에게 자기처럼 "절연을 해라, 인연을 끊어버려라"라고 조언한다. 여기서 '비비'라는 인물은 김우진이 큰 영향을 받은 극작가 버나드 쇼의 희곡 〈워런 부인의 직업〉이라는 작품에 등장하는 워런 부인의 딸이다. 비비는 부정한 수법과 낡은 가치관을 갖고 자신에게 부당한 요구를 강요하는 자기 어머니 워런 부인으로 상징되는 구시대의 낡은 관습, 전통과 인연을 끊고 스스로의 힘으로 자립하는 각성한 신여성을 상징하는 존재다. 여기서 비비의 대사는 비비가 자기 어머니 워런 부인과 과감하게 인연을 끊었듯이 시인에게 낡은 가문, 낡은 인습과 인연을 끊고 저항의 힘을 가질 것을 요구하고 있는 대목이라고 할 수 있다. 그리고 극의 결말에 시인은 결국 자신을 둘러싼 환경과의 싸움에서 자기파괴라는 의미의 '난파(難破)'를 선택하게 된다. 난파라는 것은 곧 자기 자신의 파멸을 의미하는 것이지만, 바꿔 말하면 새로운 창조를 의미하는 것이기도 하다. ③에서 "난파라는 것이 이렇게 행복이 되느냐?"라는 말을 통해서 역설적으로 창조를 위한 파괴의 중요성을 말하고 있는 것이다.

이 작품에서 주인공 시인의 분신 역할을 하는 존재들이 있다. 비비, 카로노메라는 인물이 그것이다. 카로노메는 〈리골레토〉라는 오페라의 등장인물이다. 〈난파〉에서 비비와 카로노메는 시인의 분신 역할을 하고 있다. 그리고 시인과 대립하는 인물들이 어머니, 아버지, 신주(할머니) 등인데, 이러한 인물들은 가문의 인습, 질곡, 속박을 상징하는 존재다. 주인공 시인이 이러한 인습, 전통, 인연과 갈등을 빚고 자기 파멸, 즉 난파의 길을 선택하는 것이 이 극의 핵심 플롯이라 할 수 있다.

자연주의, 사실주의 극이 외적 리얼리티를 다룬다고 한다면 표현주의 극은 내적 리얼리티를 다루는 것이 특징이라고 할 수 있는데, 이 작품은 표현주의 극으로서 인습, 전통, 인연과 투쟁하는 시인의 내면적인 갈등에 초점이 맞춰져 있다. 따라서 현실 세계보다 환상 세계, 비현실의 세계를 드러냄을 통해서 인물의 내면적 갈등을 표현하려고 시도하였다. 김우진은 그러한 방법론으로 표현주의 기법을 사용한 것이다.

현실의 억압과 속박에 대해 순응하기보다 그에 대한 자기파괴를 통해서 창조를 추구하는 것이 바로 〈난파〉의 주인공 시인의 행동이다. 그것이 '난파'라는 단어를 통해서 표현되고 있다. 주인공 시인의 분신인 비비는 버나드 쇼의 희곡 〈워런 부인의 직업〉에 등장하는 워런 부인의 딸이자 케임브리지대학을 다닌 지식인이며, 각성한 신여성이다. 그런 면에서 비비는 입센의 〈인형의 집〉의 주인공 노라와 흡사한 면이 있다. 그렇기 때문에 비비는 창녀 출신 포주로 생활하면서 낡고 왜곡된 가치관을 가진 모친 워런 부인의 속박과 인습의 굴레에서 벗어나고자 하는 의지를 갖고 있다. 그러한 비비의 모습이 〈난파〉의 시인과 비슷한 점이라고 할 수 있다.

김우진이 죽기 직전에 쓴 마지막 희곡 〈산돼지〉는 자연주의와 표현주의 기법이 모두 내포되어 있는 작품이다. 자연주의적인 요소도 있으면서 한편으로 표현주의적인 기법도 잘 활용된 희곡이라고 할 수 있다. 그렇기 때문에 이 작품은 기본적으로는 현실 세계가 주조를 이루고 있지만 부분적으로 비현실 세계, 몽환 세계가 드러나기도 한다. 현실 세계와 몽환 세계가 넘나들면서 전개되는 작품이라고 할 수 있다. 〈산돼지〉의 인물들을 살펴보면, 주인공 최원봉은 지식 청년이자 청년회 간부다. 그리고 원봉의 친구인 차혁은 청년회 회원이면서 원봉의 동생인 영순의 애인이기도 하다. 정숙은 원봉의 전 애인이었는데, 청년회 회원 이광은과 눈이 맞아 일본으로 도망하였다. 최주사댁은 영순의 친모이면서 원봉의 양모다. 원봉은 동학혁명으로 인해 어머니와 아버지를 모두 잃고 고아가 되었는데, 최주사댁이 그를 자기 집에 데려다가 키웠다. 죽은 최주사의 유언에 따라 최주사댁은 양자로 키운 원봉을 자기 딸 영순과 결혼시키고자 했다.

한편으로 이 극에는 몽환 장면에 등장하는 인물들이 있다. 일부는 현실 장면에 나오는 인물과 겹치기도 하는데 현실 장면에 등장하지 않는 인물로 원봉의 아버지와 어머니가 있다. 아버지 박정식은 동학군으로 관군에 체포돼서 처형되는 인물이며, 원봉의 친모는 동학군을 토벌하는 관군에게 성적으로 유린당하는 인물이다. 진군 중인 동학당의 무리가 실루엣 형식으로 무대에 잠깐 등장하기도 한다. 그 밖에 현실의 등장인물들 중 일부가 몽환 장면에도 등장한다.

〈산돼지〉의 갈등 구조를 보면 대체로 두 가지 갈등이 존재한다. 하나는 청년회를 둘러싼 갈등. 이 갈등은 원봉과 그의 친구인 차혁 사이에 나타나는데 원봉이 청년회에서 맡았던 상무간사의 불신임안 문제를 둘러싸고 두 사람 사이에 갈등이 벌어진다. 원봉은 원칙적인 해결을 주장하며 자신이 모든 책임을 지고 사퇴하겠다고 하지만 차혁은 이 문제를 권력투쟁의 기회로 활용할 것을 주장하면서 두 사람이 청년회 문제를 둘러싸고 갈등을 빚게 된다. 두 번째 갈등은 애정 갈등인데, 이는 다시 두 개의 세부 갈등으로 나뉜다. 첫 번째 애정 갈등은 원봉의 애인 정숙을 둘러싸고 청년회 회원 이광은과 원봉의 갈등이다. 무대에 등장하지 않는 인물 이광은은 원봉의 애인인 정숙이를 꼬여서 일본으로 데리고 도망친다. 또 하나의 애정 갈등은 영순을 둘러싸고 원봉과 차혁 사이에 벌어진다. 원봉에게 영순은 자신의 의붓동생이자 정혼자라는 복잡한 관계를 갖는다. 원봉은 친부모를 잃고 최주사댁에 입양이 돼서 아들로서 키워지는데, 최주사댁은 죽은 남편의 유언에 따라 딸 영순과 양자 원봉을 결혼시키려고 하였다. 그런데 원봉에게 정숙이라는 애인이 따로 생기게 되자 최주사댁은 할 수 없이 원봉의 친구 차혁과 영순을 결혼시키려고 한다. 이것이 작품의 또 다른 애정 갈등 축이 되는 것이다.

이 작품의 몽환 세계는 부분적으로 나타나지만 중요한 상징적 의미를 갖고 있다. 작품의 제목에 해당하는 '산돼지'라는 단어는 이 작품에 여러 차례 등장한다. 원봉은 자기에게 산돼지 탈이 씌어져서 그것이 벗겨지지 않는다고 고통스러워한다. 이 산돼지의 탈이라고 하는 것은 대단히 상징적인 의미를 갖고 있다. 동학혁명군으로 관군에게 체포돼서 처형된 아버지의 원혼이 자신에게 씌워준 산돼지 탈로 인해 원봉은 괴로워한다. 그는 산돼지 탈을 아무리 벗으려고 노력하지만 벗을 수 없다고 주장한다. 아버지가 씌워준 탈, 그 탈을 벗으려고 발버둥치지만 벗을 수 없다고 하는 것, 이것은 원봉에게 있어서 '동학혁명'이라고 하는 것이 하나의 피할 수 없는 '원죄'이자 '운명'이라는 것을 상징적으로 보여주고 있는 것이다.

현실적으로 보면 동학혁명은 원봉에게 있어서 매우 비극적인 사건이다. 동학혁명을 통해서 동학군이었던 아버지가 처형되었고, 자신의 모친은 관군에게 성적으로 유린당하고 비참하게 죽었다. 가족사의 비극이었던 동학혁명은 원봉에게 있어서 죽을 때까지 피할 수 없는 일종의 운명이자 지상명령과 같은 것이기도 하다. 즉, 현실에 저항하고 사회 변혁을 추구하라는 아버지로부터, 혹은 역사로부터 주어진 지상명령, 이것이 원봉에게는 스스로 벗어던지고 싶어도 벗을 수 없는 '산돼지 탈'이 되었던 것이다. 그래서 최원봉은 자신의 끔찍한 운명과도 같은 동학혁명을 잊고자 하고, 피하고자 하지만 벗을 수 없는 산돼지 탈처럼 자신에게 주어진 운명을 피할 수 없게 된다. 그것이 '산돼지 탈'로 상징되고 있는 것이다.

여기서 〈산돼지〉에 나오는 주인공 최원봉의 대사를 인용해 보자.

> (…) 나는 어머니만큼이나 아버지도 원망이오. 아버지도 자기는 동학인가 무엇에 들어가지고 나라를 위해, 중생을 위해, 백성을 위해, 사회를 위해 죽었다지만 결국은 집 안에다가 산돼지 한 마리 가두어 놓고 만 셈이야. (…) "이놈 네가 내 뜻을 받아 양반 놈들, 탐관오리들, 썩어가는 선비 놈들 모두 잡아 죽이고 내 평생소원이든 내 원수를 갚지 않으면…. 흐흐흐흐, 산돼지 탈을 벗겨주지 않겠다"고. (…) 아버지 뜻을 받아 사회를 위해 민족을 위해 원수 갚고 반역하라고 가르쳐 주면서도 산돼지를 못난이만 뒤끓는 집 안에다가 몰아놓고 잡아매어 두는구려. 울안에다가 집어넣고 구정물도 변변히 주지 않으면서, 흐흐흐흐! 산돼지 산돼지 산돼지! 흐흐흐흐! 자, 이 산돼지 얼굴 좀 더 들여다 보구려. (김우진 1983, 28)

〈산돼지〉의 이 대사는 원봉의 처지를 잘 설명해 준다. 이 작품의 제목이기도 한 이 '산돼지', '산돼지 탈'이라는 말이 갖고 있는 상징성을 응집해서 보여주는 부분이라고 할 수 있다. 원봉은 결국 자기 자신에게 운명처럼 씌워진 산돼지라는 굴레에서 헤어나지 못한다. 그것을 현실적으로 극복을 못한 채 신경쇠약 상태에 놓이게 된다. 이 작품에 몇 번 등장하게 되는 몽환 장면은 신경쇠약 상태에 있는 최원봉의 분열된 내면적인 정신세계를 보여주는 것이기도 하다. 그러나 굴레처럼 주어진 '산돼지'라는 운명에서 벗어나지 못한다고 해서 그렇다고 '집돼지'가 될 수도 없는 것이 원봉의 처지다. '집돼지'라고 하는 것은 현실 순응을 의미하며, 주어진 환경대로 순응하면서 사는 평탄한 삶을 상징하는 것이다. 그는 그러한 평탄한 삶을 살고 싶기도 하지만, 그렇다고 그렇게 현실순응적인 삶을 살 수도 없는 난감한 처지에 놓여있다. 산돼지처럼 살아야 하지만 그것이 잘 되지 않는 현실, 그렇다고 해서 순응하는 집돼지로는 살 수 없는 자신의 처지, 이것이 주인공 최원봉을 내면적인 번민에 빠지게 하고, 신경쇠약 상태로 몰아가게 하는 것이다.

그러나 마지막 장면에서 원봉은 새로운 출발을 결심하게 된다. 그것은 이 작품에 세 번 등장하는 조명희의 시 〈봄 잔디밭 위에서〉의 인용을 통해서 잘 표현되고 있다. 시를 쓴 조명희는 실제로 김우진의 절친이기도 했다. 김우진은 일생의 절친이 두 명 있었는데, 시인이자 소설가 조명희가 그 한 명이고, 쓰키지소극장의 연극배우 홍해성이 다른 한 명이었다. 조명희는 1921년 7-8월에 동우회 순회연극단이 감행한 순회공연의 연극 레퍼토리의 하나였던 〈김영일의 사〉를 쓴 극작가이기도 하고, 〈봄 잔디밭 위에서〉라는 시를 쓴 시인이기도 하다. 김우진은 조명희의 시 〈봄 잔디밭 위에서〉에 큰 애착을 보였고, 이 시를 모티프로 삼아 구상한 희곡이 바로 〈산돼지〉였다.

〈산돼지〉에서 내면적인 번민으로 신경쇠약 상태에 빠진 최원봉을 구원하는 하나의 힘으로 작용하는 것이 조명희의 시 〈봄 잔디밭 위에서〉라고 할 수 있다. 특히 그 구원의 힘은 〈봄 잔디밭 위에서〉에 나타난 대자연을 품어주는 어머니의 넓고 넉넉한 이미지를 통해 표상되고 있다. 대자연과 같은 넉넉한 어머니의 심상은 최원봉이 처한 비극적 운명을 넘어설 수 있는 하나의 극복 의지로 작용하고 있다. 이 작품의 마지막 장면에서 일본으로 도망간 전 애인 정숙이 고향으로 돌아온다. 원봉에게 찾아온 정숙은 원봉과 긴 대화를 통해서 그동안 얽힌 앙금을 풀고 조명희의 시를 함께 낭송하면서 각자 새로운 앞길을 나아가기로 결심한다. 시 〈봄 잔디밭 위에서〉의 낭독 장면은 현실 극복을 상징하는 어머니의 심상을 통해서 자신이 처한 운명을 극복하고 새로운 인생을 창조하고자 하는 식민지 청년들의 극복 의지를 보여주는 것이라고 할 수 있다.

그러한 맥락에서 조명희의 시 〈봄 잔디밭 위에서〉를 읽어보자.

내가 이 잔디밭 위에 뛰노닐 적에
우리 어머니가 이 모양을 보아주실 수 없을까
어린 아기가 어머니 젖가슴에 안겨 어리광함같이
내가 이 잔디밭 위에 짓둥글 적에
우리 어머니가 이 모양을 참으로 보아주실 수 없을까
미칠 듯한 마음을 견디지 못하여
"엄마! 엄마" 소리를 내었더니
땅이 "우애" 하고 하늘이 "우애" 하오매
어느 것이 나의 어머니인지 알 수 없어라 (김우진 1983, 63-64)

4 김우진의 삶과 문학의 의미

김우진은 마침내 1926년 6월 목포의 집 성취원(成趣園)에서 출가하였다. 그리고 그는 도쿄에 있는 홍해성의 하숙집으로 갔다. 가문의 굴레, 아버지의 속박에서 벗어나 오래전부터 염원했던 신극운동의 길로 나아가는 순간이었다. 김우진의 출가, 이는 대단히 큰 의미를 갖고 있다. 이는 창작에 대한 김우진의 의지. 즉 극작가로서 김우진의 창작 의지를 보여주는 것이다. 또 하나, 도쿄의 홍해성 하숙집으로 갔다는 것은 김우진의 신극운동에 대한 의지를 보여준다. 쓰키지소극장의 배우 홍해성과 함께 조선의 신극운동에 대한 포부를 펼쳐보겠다는 김우진의 의지를 보여주는 것이다.

이를 더 확대 해석을 하면 김우진의 자기혁명의 의지와 사회개혁의 의지를 보여주는 것이라고 할 수 있다. 김우진의 출가(出家), 이는 곧 가문의 굴레, 아버지의 속박에서 벗어나서 새로운 자신을 창조하려고 한다는 것은 자기혁명의 의지라고 볼 수 있다. 그리고 희곡 작가로서 창작의 의지, 또 조선 신극운동의 의지를 펼치려고 했다는 것은 신극운동을 통한 조선 사회개혁의 의지를 보여준 것이라고 할 수 있다.

그렇게 김우진은 출가하게 되었다. 그런데 그는 1926년 7월에 일본 오사카에 레코드를 취입하러 온 소프라노 가수이자 애인 윤심덕을 만나게 된다. 윤심덕은 일본에 레코드 취입을 하러 올 때 이미 죽음을 결심했던

윤심덕과 김우진

것처럼 보인다. 원래 레코드 취입 계획에 없었던 〈사의 찬미〉라는 노래를 자기 스스로 작사하고, 여동생 윤성덕의 피아노 반주에 맞춰 레코드 취입을 하였다. 〈사의 찬미〉라는 노래의 가사와 제목에서 볼 수 있는 것처럼 윤심덕은 이미 죽음을 결심하고 받아들이는 느낌이 강하게 나타나고 있음을 감지할 수 있다. 윤심덕은 레코드 취입 작업을 마치고 도쿄에 있는 김우진에게 자살을 하겠다는 연락을 하였고, 이에 김우진은 윤심덕을 만나러 오사카로 달려갔다. 김우진의 친구였던 홍해성의 진술에 의하면, 윤심덕이 자살을 결심했다는 사실을 김우진에게 전보로 알렸고, 김우진은 윤심덕을 말리기 위해 오사카로 급히 달려갔다고 한다(홍해성 1956). 그리고 두 사람은 시모노세키에서 출발한 관부연락선을 타고 부산으로 향하던 도중 1926년 8월 4일 현해탄에 투신해서 죽게 된다. 두 사람의 죽음을 둘러싼 여론은 당시에 식민지 조선에서 대단히 큰 화제가 되었다. 연일 신문에 두 사람의 죽음은 정사(情死) 사건으로 대서특필이 되었다.

두 사람의 죽음에 대해서 여러 가지 소문과 억측들이 난무하게 되었다. 정사, 사고사, 실족사를 비롯해 레코드 회사 살해설까지 난무하였다. 윤심덕이 레코드 〈사의 찬미〉를 취입했던 회사에서 레코드 판매를 목적으로 살해했다는 얼토당토않는 억측이 나올 정도로 당시 두 사람의 죽음은 시중의 흥밋거리 화제가 되었다. 심지어 이탈리아 생존설까지 있었다. 두 사람이 죽은 게 아니라 이탈리아에 생존해 있으며 이탈리아에서 그들을 본 목격자들도 있다는 헛소문까지 돌았다(유민영 1983, 273-292). 그리고 두 사람의 죽음을 비난하는 싸늘한 여론이 매우 컸던 것도 사실이다. 두 사람의 죽음은 조선 최대의 스캔들이었다라고 해도 과언이 아니었다. 그런 여파일까. 두 사람의 이야기를 소재로 삼은 소설, 연극, 영화, 드라마, 뮤지컬 등은 당대부터 시작해서 오늘날까지도 끊임없이 재생산되고 있다.

그러나 김우진은 스캔들의 주인공으로만 볼 인물은 결코 아니다. 식민지 시대에 한국 최고의 극작가 중 한 명이고, 식민지 시대에 독보적인 문학사상가 중 한 명이기도 하다. 김우진은 치열한 자기혁명의 길을 걸었지만 좌초하고 난파한 작가였다. 그는 가부장적인 속박과 가문의 인습, 굴레와 끊임없이 투쟁했다. 또 그러한 환경에 놓인 자기 자신과 끊임없이 내적 갈등을 빚었고, 아버지를 넘어서기 위한 치열한 투쟁을 벌여왔다. 그리고 문학과 연극을 통해서 가부장적인 속박, 전통, 인습과의 싸움을 벌여왔다. 그러한 대표적인 작품으로 〈난파〉와 〈산돼지〉를 예로 들 수 있다. 그러한 자기혁명은 결국 좌초되고 난파되고 말았다.

그리고 김우진의 사회개조의 길. 이것도 결국 현해탄에서의 죽음을 통해서 물거품이 되고 말았다. 김우진의 사회개조의 길은 그의 근대극운동을 통해서 잘 드러나고 있다. 김우진의 근대극운동은 단순히 연극이라는 하나의 장르를 통한 예술운동에 머무는 것이 아니다. 그것은 당시 조선 민족의 염원을 담은 하나의 문화운동이기도 했고, 민족운동으로서의 의미를 갖는 것이기도 했다. 대표적인 것이 극예술협회와 동우회 순회연극단의 공연 활동이었다. 그리고 그의 연극론을 통해서 나타나듯이 서구 근대극의 비판적 수용을 통해서 조선적 근대극론을 창출하려고 했다는 것은 연극운동을 통해 조선 사회를 바꿀 수 있는 사회개혁, 개조의 방안을 모색한 것이라 할 수 있다. 그리고 그는 표현주의 연극이라는 새로운 연극 형식을 통해서 반항적이고 혁명적인 예술운동을 추구했는데, 이 또한 사회개조의 방법론이었다고 말할 수 있다.

버나드 쇼의 생명력 개념을 비판적으로 수용한 것도 같은 맥락에서 볼 수 있다. 생명력 사상을 그는 자신의 평론과 희곡 작품을 통해서 꾸준히 펼쳐 왔다. 그는 조선을 바꾸는 힘이 바로 생명력에 있다고 보았다. 그래서 그는 조선의 민중이 자신의 존재를 변화시키고, 더 나아가 조선을 변화시키는 힘으로써 생명력이라는 것을 반드시 가져야 한다는 것을 역설했다. 그의 생명력 사상은 사회개조론의 핵심적인 내용이라고 할 수 있다. 그의 사회개조의 길도 그의 죽음으로 인해 끝내 좌절되고 말았다.

김우진은 자기혁명을 추구한 극작가였다. 자기 자신의 존재와 끊임없는 영구투쟁을 통해서 새로운 창조를 만들어내려고 했던 극작가였다. 그리고 그는 사회개조를 시도한 작가였다. 문학창작과 연극운동을 통해서 우리 사회의 개조를 갈망했다. 궁극적으로 그가 추구한 문학창작과 연극운동은 문화운동, 민족운동으로서 식민지 조선 사회를 변화시키고 개혁하려는 시도였다고 할 수 있다.

참고 문헌

- 김우진. 《김우진 전집(1~2)》. 전예원, 1983.
- 서연호·홍창수 편. 《김우진 전집(1~3)》. 연극과 인간, 2000.

- 권정희. 《생명력인가, 이성인가—일본어가 매개하는 김우진의 텍스트》. 소명출판, 2020.
- 나리사와 카츠. 〈김우진의 熊本시절〉. 《김우진 전집(2)》. 전예원, 1983.
- 서연호. 《김우진》. 건국대출판부, 2000.
- 양승국. 《김우진, 그의 삶과 문학》. 태학사, 1998.
- 유민영. 《윤심덕, 현해탄에 핀 석죽화》. 안암문화사, 1983.
- 윤진현. 《조선 시민극의 구상과 탈계몽의 미학》. 창비, 2010.
- 이상우. 〈1920年代, 植民地朝鮮出身の渡日留學生たちによる巡廻演劇〉. 《演劇學論集》(日本演劇學會), 紀要65(2017秋).
- ______. 〈1910년대 동경유학생학우회와 근대극〉. 《한민족어문학》(한민족어문학회), 86(2019).
- 이은경. 《수산 김우진 연구》. 월인, 2004.
- 정대성. 〈새로운 자료로 살펴본 와세다대학 시절의 김우진〉. 《한국극예술연구》(한국극예술학회), 25(2007).
- 한국극예술학회 편. 《김우진》. 연극과 인간, 2010.
- 홍창수. 〈김우진 작가의식과 죽음에 관한 연구〉. 《한국근대문학연구》(한국근대학회), 2(2000).
- 홍해성. 〈최후의 대화와 회상〉. 《조선일보》, 1956.4.9.

- 大笹吉雄. 《日本現代演劇史—明治,大正篇》. 東京:白水社, 1985.

더 읽어보기

서연호·홍창수 편. 《김우진 전집(1~3)》. 연극과 인간, 2000.

권정희. 《생명력인가, 이성인가—일본어가 매개하는 김우진의 텍스트》. 소명출판, 2020.

서연호. 《김우진》. 건국대출판부, 2000.

양승국. 《김우진, 그의 삶과 문학》. 태학사, 1998.

윤진현. 《조선 시민극의 구상과 탈계몽의 미학》. 창비, 2010.

이광욱. 〈'생명력'사상의 비판적 수용과 동학혁명의 의미—김우진의 〈산돼지〉연구〉. 《어문연구》 제42권(2014).

이은경. 《수산 김우진 연구》. 월인, 2004.

이상우. 《극장, 정치를 꿈꾸다》. 테오리아, 2018.

______. 〈동우회순회연극단과 김우진〉. 《한국연구》 제13집(2023).

레 미제라블

진보의 시, '무한'의 드라마

이순희

1 작가와 작품 개요

빅토르 위고(Victor Hugo)는 그의 생몰연대(1802-1885)가 보여주듯, 19세기라는 격변기를 온몸으로 살아낸 작가였다. 1822년, 스무 살의 나이에 첫 시집 《오드집(Odes)》을 발표한 이래, 시, 연극, 소설 등 다양한 문학 장르에 걸쳐 활발한 작품 활동을 펼쳤고, 이 모든 장르에서 성공을 거두었다. 또한 정치가로서 프랑스 상원의원, 국회의원을 역임하는 등, 정치 일선에서 프랑스를 위해 목소리를 높였던 인물이기도 했다. 청년 시절에는 왕정주의를 표방하고 가톨릭을 신봉하기도 했지만, 시대의 변전에 따라 점차 민중에 헌신하는 자유주의적 사회주의자로 거듭나게 된 위고는 가난에 대한 혐오, 종교와 분리된 학교에 대한 신념, 사형수들에 대한 공감과 자유 언론에 대한 사랑을 소리 높여 주창했다.

이러한 면모의 빅토르 위고가 프랑스 국민의 큰 사랑을 받았던 것은 당연한 일일 것이다. 1885년 5월 22일, 위고는 향년 83세의 나이로 숨을 거두었고, 그의 장례식은 국장(國葬)으로 거행된다. 5월 31일 하룻밤 동안 검은 베일을 드리운 개선문 아래 그의 관이 안치되었고, 이튿날인 6월 1일, 국가적인 경의를 표하는 21발의 예포와 함께 장례식이 시작되었다. 장례 행렬은 샹젤리제 대로를 따라 내려와 콩코르드 광장을 지나 생제르맹 대로와 생미셸 대로를 차례로 거쳐 팡테옹으로 향했다. 위고의 장례 행렬에

1885년 5월 31일 빅토르 위고의 관이 안치된 검은 베일을 드리운 개선문

는 200만의 인파가 참여했다고 전해진다.

이렇듯 국민적인 사랑을 받았던 빅토르 위고의 가장 잘 알려진 작품 가운데 하나이자 그의 핵심 작품이라고 할 수 있을 《레 미제라블(Les Misérables)》이 발표된 것은 1862년이었다. 1862년 4월 4일, 작품의 1부 〈팡틴(Fantine)〉이 벨기에의 라크루아(Lacroix) 출판사에서 두 권으로 출판된다. 같은 해 6월 30일, 4부와 5부의 4권짜리 세트가 판매되면서 석 달 만에 완결

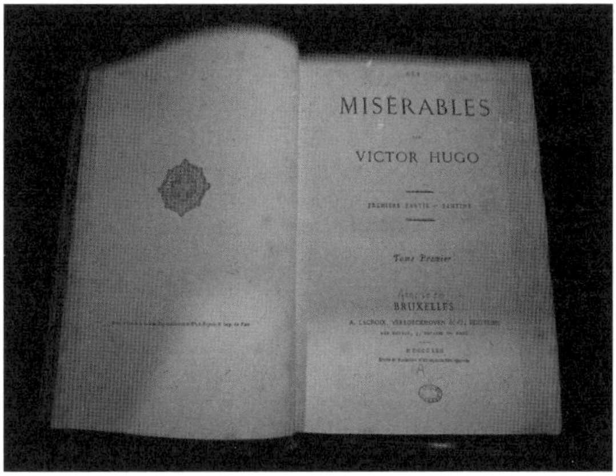

1862년 라크루아 출판사에서 출판된《레 미제라블》1권

된 이 소설은 벨기에의 브뤼셀뿐 아니라 파리, 런던, 라이프치히에서도 인쇄되었고 판매 부수 및 해적판, 번역본 부수에서 기록적인 수치를 남겼다(Hovasse 2008, 701).

위고의 망명지, 건지섬(Guernesey)에서 완성된 이 작품의 구상 시기는 1820년대 말로 추정되며, 작품의 집필은 1845년에 시작된다. 비참, 가난, 불행 등 다양한 의미를 담고 있는 '레 미제르(Les Misères)'라는 제목이 보여주듯, 작품의 초안은 무지와 가난으로 고통받는 민중을 위해 작성되었고, 불합리한 제도의 희생자로서의 개인과 이들에 대한 사회적 책무를 환기하는《사형수 최후의 날(Le Dernier jour d'un condamné)》(1829)이나《클로드 괴(Claude Gueux)》(1834)와 같은 이전 소설들과 궤를 같이한다. 그러나 1848년 2월 혁명 이후 혼란한 국내 정세로 인해 작품 집필이 중단된다. 2월 25일, 임시정부가 구성되고 공화국이 선포되었으며, 같은 해 12월에 루이 나폴레옹이 제2공화국의 대통령으로 선출된다. 그러나 1851년 12월에 루이 나폴레옹은 쿠데타를 일으켜 의회를 해산하고 제정을 선포하기에 이른다. 숨 가쁜 변화와 위기의 시기였다.

제2 제정의 수립에 전면적으로 맞섰던 위고는 망명길에 오를 수밖에 없었고, 영국령의 저지섬(Jersey)을 거쳐, 건지섬에서 20년 가까운 세월을 보낸 후, 제2 제정이 몰락한 1870년에 들어서야 프랑스에 돌아오게 된다. 위고의 망명 시기는《징벌시집(Les Châtiments)》(1853),《관상시집(Les Contemplations)》(1856),《여러 세기의 전설(La Légende des Sciècles)》(1859) 등 주옥 같은 작품들이 집필되었던 풍부한 창작의 시기이기도 했다. 초고 상태로 남아있던《레 미제라블》의 완성에 몰두했던 것도 이 시기였다. 그러나 이 작품을 건지섬에서 다시 꺼내 들었을 때의 위고는 더 이상 1848년의 위고가 아니었다. 스스로 추방자의 삶을 선택했지만, 망명은 그를 투시자(voyant)로, 인도주의(人道主義)의 투사로 변모시켰다(Guyard 1963, IV).

작품 제명,《레 미제라블》에서 짐작할 수 있듯이, 이 작품은 벗어날 수 없는 운명을 살도록 선고받은 '미제라블'들, 즉 소외된 자들, 비참한 자들, 억압받는 자들, 수모당하는 자들, 짓밟힌 자들, 이 모두의 절망에 빛을 비추고 이들을 위대한 영혼의 대열로 끌어올리기 위해 집필된 작품이다. 작품의 1부 2권 8장, '바다와 어둠'이라는 장 안에서 작품 속 화자이자 작가는 이렇게 적고 있다.

어떤 사람이 바다에 빠졌다!

아무려면 어떠랴! 배는 멈추지 않는다. 바람은 일고, 어두침침한 배는 계속해서 길을 나아갈 수밖에 없다. (…)

오, 인간 사회의 무정한 행진이여! 행군 속에서 얼마나 많은 인간과 영혼들을 잃는가! 법이 내친 모든 것이 추락하는 대양이여! 구원의 서글픈 소멸이여! 오, 도덕의 죽음이여!

바다, 그것은 형벌이 죄인들을 던져버리는 무정한 사회의 밤이다. 바다는 막막한 비참함이다.

영혼은 그 심연 속에 내맡겨져 시체가 될 테지. 누가 그 영혼을 되살려낼 수 있을까? (I-II-VIII)*

여기에서 바다, 밤, 심연은 비참하고 가난한 영혼을 집어삼키는 사회 구조와 질서에 다름 아니다. 극복할 수 없는 사회의 힘을 상징하는 바다는 그곳에 내쳐진 한 인간이 맞서기엔 역부족이다. 그러나 위고는 말한다. 그 심연 속에도 희망은 있다고. 작품《레 미제라블》이 바로 그 사회의 밤, 심연 속에 내쳐진 이들에게 구명대의 역할을 할 것이며, 그 막막한 대양에 조명탄을 쏘아 어둠을 비출 것이기 때문이다. 위고는 산업화가 시작되고

* 작품의 원문은 *Les Misérables*, notice et notes de Guy et Annette Rosa, in *Œuvres complètes*. Roman II, Editions Robert Laffont, 1985을 참조했으며, 번역문의 경우,《레 미제라블》, 정기수 옮김, 민음사, 2012을 참조, 부분적으로 수정하였다. 이하 작품 인용의 경우, 해당 인용문 뒤에 부-권-장의 순서로 출처를 표기하였다.

자본주의가 성행하면서 한층 더 소외된 삶을 살며 빈곤 속에 허덕이는 민중의 삶을 세밀하게 그려 보이는 동시에 인류가 '추락'과 '상승'의 반복적인 행보 끝에 도달하게 될 '신성한 빛', 무한히 진보하는 역사의 비전을 제시한다. 작가의 표현을 빌자면,

> 이 작품은 처음부터 끝까지, 전체적으로나 세부적으로, 일시적으로 중단되고, 예외적이거나 약화되는 상황이 있더라도, 악에서 선으로의, 불의에서 정의로의, 거짓에서 참으로의, 어둠에서 빛으로의, 욕망으로부터 양심으로의, 부패로부터 생명으로의, 금수(禽獸)에서 인도(人道)로의, 지옥에서 천상에로의, 무에서 신으로의 걸음 그 자체이다. (…) 시작은 히드라였으나 끝은 천사이다. (V-I-20)

2 진보의 역사, 역사의 이상(理想)

"1815년 10월 초순, 해가 지기 한 시간쯤 전에 걸어서 길을 가던 한 사나이가 소도시 디뉴로 들어오고 있었다"(I-II-2)는 구절에서 확인할 수 있듯, 작품의 서사가 본격적으로 시작되는 것은 1815년이다. 작품 초입에 미리엘

주교에 대한 상세한 이야기가 펼쳐져 있지만, 작품의 서사는 장 발장의 등장과 함께 본격적으로 전개된다.

나폴레옹의 시대가 비로소 막을 내렸던 해가 1815년임을 상기한다면, 이러한 작가의 선택이 나폴레옹의 몰락과 무관하지 않음을 쉽사리 짐작할 수 있다. 더욱이 위고가 작품의 2부 1권 전체를 워털루 전투, 즉 나폴레옹의 제국이 무너지게 된 결정적 계기를 마련했던 전투에 할애하고 있음을 고려할 때, 1815년은 결코 우연한 하나의 숫자가 아니다.

1815년 2월 말, 엘바섬에서 탈출한 나폴레옹은 흩어져 있던 나폴레옹 대군들을 모아 파리로 입성하여 '백일' 동안 다시 한번 천하를 호령했다. 파리로 진군하는 대불 동맹군에 맞서 그가 치른 최후의 전투가 바로 워털루 전투다. 웰링턴이 지휘하는 영국군에 맞서, 1815년 6월 18일 새벽, 황제는 진군을 계획했으나 하늘은 그의 편이 아니었다. 밤사이 폭우가 쏟아졌다. 위고가 언급하듯, "만약 1815년 6월 17일 밤에서 18일 사이에 비가 오지 않았더라면, 유럽의 미래는 달라졌"을 것이다(II-I-3). 비가 오지 않았더라면, 대포는 굴러갈 수 있었고, 전투는 아침 6시에 시작되어, 블뤼허 장군이 이끄는 프로이센군이 도착하기 전에 나폴레옹의 승리로 끝났을 것이다. 그러나 사정은 그렇지 못했다. 땅이 마르기를 기다려 전투가 개시된 것은 18일 오전 11시 30분이었다.

영국군이 고지대에, 프랑스군이 저지대에 포진하고 있었기 때문에 나폴레옹이 상대적으로 불리한 지점에 놓여있었던 것은 사실이다. 그러나 그의 작전 계획은, 작가도 인정하고 있듯이, 걸작이었다. 대번에 동맹군의 중앙을 찌르고, 적군 속에 구멍을 내어, 적군을 양단하고, 웰링턴과 블뤼허를 두 동강 내어 몽생장을 취하고, 브뤼셀을 점령하고, 독일군은 라인강에 영국군은 바다에 던져 넣는 것, 나폴레옹에게는 이 모든 것이 전투 계획에 들어있었다.

작품에 따르면, 6월 18일과 19일 사이의 밤에 나폴레옹은 웰링턴이 퇴각한 것으로 생각하여 승전을 확신했고, 19일 오전, 흉갑기병대에게 출전 명령을 내렸다. 촘촘하게 대열을 이뤄 무시무시한 기세로 굴곡진 몽생장 고원을 가로질러 오르는 이들의 모습은, 능선을 오르는 거대한 두 마리의 강철 구렁이와도 같아 보였다. 파죽지세로 몽생장 고원을 오르던 이들에게 갑자기 비극적인 일이 발생한다. 무시무시한 기세로 능선 꼭대기에 도착한 흉갑기병들은 자기들과 영국군 사이에 있는 하나의 참호를, 하나의 구덩이를 마주하게 되었는데, 그것은 바로 오앵으로 통하는 움푹한 길이었다.

> 무시무시한 순간이었다. 뜻밖에도 협곡이 말발굽 아래에 절벽을 이루고, 양편 낭떠러지 사이에 두 길이나 되는 깊이로 입을 떡 벌리고 있었다. 그 속으로 2열이 1열을 밀어 넣고, 3열이 다시 2열을 밀어뜨렸다. 말들은 몸을 세우고 펄쩍 물러나려다 엉덩방아를 찧으며 넘어졌고, 허공에 네 발을 허우적거리면서 기병들을 깔아 누르고 엎어뜨렸다. 퇴각할 방법이 전혀 없었다. 종대 전체는 이제 발사된 포탄에 불과했다. 영국군을 분쇄하기 위해 끌어낸 힘이 도리어 프랑스군

을 분쇄했다. 무정한 협곡은 희생물로 가득 채우기 전에는 조금도 만족할 줄 몰랐다. 기병들과 말들은 그 깊은 구렁 속에서 뒤범벅이 되어 서로 짓이기며 하나의 살덩어리밖에 되지 않았다. 그 구덩이가 산 사람들로 가득 채워졌을 때, 사람들이 그 위를 걸어갔고 나머지 것들도 지나갔다. 뒤부아 여단의 삼 분의 일이 그 심연 속에 파묻혔다.

이것이 패전의 시작이었다. (II-I-9)

물론 역사적 사실과 작품 속에 묘사된 '오앵으로 통하는 움푹한 길의 에피소드' 사이에는 다소 거리가 있다. 그러나 위고는 워털루의 패전에 예기치 못했던 사건, 비극적인 사건 하나를 그려 넣음으로써 패전의 극적인 일면을 강조하면서 나폴레옹의 몰락의 필연성을 역설한다. 위고에 따르면,

보나파르트가 워털루의 승리자가 되는 것, 그것은 더 이상 19세기의 법칙에는 없었다. 다른 일련의 사건들이 일어나려 하고 있었는데, 거기에는 더 이상 나폴레옹의 자리가 없었다. 여러 사건들이 오래전부터 그에게 악의를 나타내고 있었다.

이 거대한 인간도 실각할 때가 온 것이다.

인류의 운명에서 이 한 사람의 과도한 무게는 평형을 깨트리고 있었다. 이 사람은 혼잣몸으로 인류보다 더 큰 비중을 차지하고 있었다. 단 한 사람의 머릿속에 과도하게 집중되어 있는 인류의 모든 활력, 한 인간의 두뇌에 떠오르는 세계, 만약 그것이 지속된다면, 그것은 문명

의 파멸을 초래하리라. (…)

나폴레옹은 무한 속에 고발되어 있었고, 그의 추락은 결정되어 있었다.

그는 하늘의 뜻을 거스르고 있었다.

워털루는 일개 전투가 아니다. 세계의 방향 전환이다. (II-I-9)

위고에게 워털루 전투의 패배는 그 자체로는 하나의 대참변이었지만, 역사가 제 길을 다시 찾아나가는 데 필요했던 하나의 '단절'과도 같은 것이었다. 작가에게 나폴레옹은 구체제의 잔존물들을 폐기함으로써 인류의 진보를 위해 필요한 인물이기도 했지만, 동시에 그가 유례없는 '독재자'였다는 점에서는 유럽, 나아가 인류의 진보를 '차단'한 인물이기도 했기 때문이다. 1815년에 작품의 서사가 시작되듯, '역사'가 프랑스 대혁명이 낳은 소중한 가치들을 되찾고 제 길을 다시 걸어가기 위해서는 1815년의 워털루 패전에 뒤이은 나폴레옹의 몰락이 절실했다고 위고는 말하고 있다.

작품 속에서 프랑스 대혁명은 작품의 초입, 미리엘 주교와 혁명기 국민공회(Convention nationale) 의원이었던 G노인 간의 대화에서 환기된다. 아무도 찾지 않고 모두로부터 배척을 받는 이 노인은 디뉴 가까운 시골에서 외로이 살고 있었는데, 이는 그가 루이 16세의 처형을 결정했던 국민공회 의원이었기 때문이다. 그가 죽음을 앞두고 있다는 소식을 전해 들은 미리엘 주교는 그를 찾아가고, "미지의 빛을 접한 주교"라는 제목의 1부 1권 10장은 미리엘 주교와 G노인이 주고받는 대화를 우리에게 전한다. G노인은 프랑스 대혁명에 대해 이렇게 말한다.

> 우리는 낡은 세계를 무너뜨렸소. 비참의 도가니였던 그 낡은 세계가 인류 위에 나둥그러짐으로써 기쁨의 항아리가 된 거요.(I-I-10)

여기에서 프랑스 대혁명은 인류 역사를 변화시킨 결정적인 사건, 한 시대에서 다른 시대에로의 전환을 가져온 사건으로 환기된다. 프랑스 대혁명으로 말미암아 "오류와 편견"이 가득했던 비참한 세계가 붕괴되고, "우애와 화합과 여명"의 미래가 열린 것으로 G노인은 이야기하고 있다. 나아가 프랑스 대혁명은 "그리스도의 강림 이래 인류가 내디딘 가장 힘찬 걸음"이었고, 미완성이었지만, 그러나 "숭고한 것"으로 환기된다.

임종의 순간에 국민공회 의원이 눈을 들어 하늘을 응시하며 말한다. "오 그대여! 오 이상이여! 오직 그대만이 존재하노라!"(I-I-10) 임종의 순간, G의원이 만나게 된 것은 마치 하나의 종교와도 같은 '역사의 이상(idéal historique)'이라고 할 수 있다. 진보의 끝에 인류가 도달해야 할 이상세계에 대한 비전을 만난 것이다. 그 이상의 또 다른 이름이 '무한(Infini)'이다. 위고에게 있어 프랑스 대혁명은 바로 이러한 이상세계를 향한 '진보'의 노정에서 일어났던 하나의 획기적인 사건이었다.

위고가 우리에게 그려 보이는 이상세계는 1832년 6월 바리케이드 혁명을 이끌었던 'ABC의 벗들'의 행보 속에서, 또 이들의 수장 격이었던 앙졸라스가 바리케이드 위에서 한 비장한 연설문 속에서 선명하게 드러난다.

'ABC의 벗들'에서 ABC를 그대로 프랑스로 읽으면, '아베세(Abaissé)'로서, '낮추어진 자', '민중'이라는 의미가 된다. 학생과 노동자들로 구성된 일종의 비밀결사였던 'ABC의 벗들'이라는 명칭 자체에서 우리는 이들이 가지고 있었던 숭고한 뜻, 즉 낮추어진 자들을 다시 들어 올리겠다는 결연한 의지를 확인할 수 있다.

이들이 이끈 1832년의 바리케이드 혁명은 죽음을 불사한 항쟁이다. 죽음을 목전에 두고 앙졸라스는 포석 계단 위에 올라가 연설한다.

> 시민들이여, 당신들은 미래를 상상해 보십니까? 도시들의 거리에는 빛이 넘쳐흐르고, 문 앞에는 푸른 나뭇가지들이 우거지고, 여러 나라 국민이 형제자매가 되고, 인간들은 올바르고, 노인들은 어린아이를 귀여워하고, 과거는 현재를 사랑하고, 사상가들은 완전한 자유를 누리고, 신자들은 완전한 평등을 갖고, 하늘이 종교가 되고, 신이 직접 신부가 되고, 인간의 양심이 제단이 되고, 더 이상 증오가 없고, 공장과 학교에 우애가 있고, 신상필벌이 명명백백해지고, 모든 사람에게 일이 주어지고, 모든 사람이 권리를 향유하고, 모든 사람들에게 평화가 있고, 더 이상 피를 흘리지 않고, 더 이상 전쟁이 없고, 어머니들이 행복하고! (V-I-5)

완전한 자유와 완전한 평등이 보장되고, 국가 간에, 세대 간에, 또 개인 간에 우애와 평화가 지속되는 시간이야말로 앙졸라스가 그려 보이는 유토피아, 위고가 가지고 있던 미래에 대한 신념이라고 할 수 있다. 그는 19세기와 함께 불행과 고난으로 점철되었던 고뇌의 역사가 막을 내리고, 그 끝에 우리는 한결같이 지속되는 시간, 더 이상 변화도 단절도 없는 평온한 시간을 살게 될 것이라고 믿고 있었다. 작가는 앙졸라스의 입을 통해 강조한다. "19세기는 위대하고, 20세기는 행복할 것"이며, "사건들이 없는, 영혼과 천체 사이의 조화가 회복"된 미래가 반드시 도래할 것이라고. 지금은 빛이 부재한 "어두운 시간"이지만, 혁명이라는 희생을 치르고서 인류는 해방될 것임을 단언하고 있다.

앙졸라스의 이러한 간절한 외침은 작품 속에 그려진 프랑스의 노정, 실제 역사 그대로의 프랑스가 걸어온 길과 깊은 관련이 있다. 사실 19세기는 프랑스 대혁명이 내걸었던 그 위대한 가치들을 실현하기 위해 고군분투했던 격변기이자 혼란기, 위고의 표현을 빌자면, "사건들"로 가득했던 시기였다. 1789년 프랑스 대혁명이 일어났고, 1792년에 제1공화국이 선포되었으나, 이내 공포정치를 겪게 되고, 테르미도르의 반동이 일어나 총재정부가 구성된다. 우유부단했던 총재정부는 브뤼메르 18일의 쿠데타로 전복되고 나폴레옹을 제1 대통령으로 하는 통령정부가 들어서지만, 곧 나폴레옹의 제정이 수립된다. 나폴레옹이 행정, 사법, 경제를 재구성하면서 근대적인 중앙 집권 국가를 만들고 근대국가의 기초를 이룬 것은 분명하지만, 독재체제로 자유를 구속했다는 점, 제정 시기 동안의 끝없는 전쟁으로 무수한 프랑스 청년들의 목숨을 빼앗았다는 점은 오래도록 많은 사람의 비난을 면치 못하게 될 것이다.

흔히 왕정복고 시대를 빛바랜 권태의 시기로 간주하지만, 루이 18세의 왕정복고 시기에는 중도 정책을 시도함으로써 혁명의 유산을 받아들이면서 새로운 사회의 정립에 힘쓰기도 했다. 문제는 샤를 10세였다. 루이 16세의 막냇동생이었던 그가 1825년에 왕위에 오르자 구체제로의 복귀를 도모하게 된다. 1830년 7월 26일, 7월 혁명의 도화선이 된 4개 조의 긴급 칙령이 공표되자 혁명은 이제 피할 수 없는 것이 되고야 만다.

시민과 노동자들, 자유주의 사상을 가진 부르주아들이 거리에 바리케이드를 구축하고 시위를 벌였다. 이렇게 해서 7월 왕정이 수립되지만, 7월 왕정 역시, 극심한 어려움을 겪을 수밖에 없었다. 프랑스 국민의 분열을 막고 하나로 화합하는 데 성공하지 못했을 뿐만 아니라, 발자크의 《인간극》에서 자주 다뤄지는 산업화에 따른 사회적, 도덕적 문제들이 제기되었던 시기였다.

왕당파, 보나파르트파, 공화파, 기타 사회주의자들이 반체제 세력을 형성했고, 정치인, 언론인, 대학생, 노동자들이 비밀결사를 조직했다. 이 가운데 가장 유명한 것이 《레 미제라블》에서 '인민의 벗 결사(Société des amis du Peuple)'로부터 태어났다고 말하는 '인권결사(Société des Droits de l'Homme et du Citoyen)'였다. 마리우스가 속한 'ABC의 벗들'은 '인권결사'가 낳은 '행동결사'의 한 부류였다. 이러한 상황 속에서 일어난 것이 《레 미제라블》 작품 속에서 중요하게 다뤄지는 1832년 6월 봉기이다.

1832년 6월 봉기는 공화주의자들이, 공화파의 대표적인 인물이었던 라마르크 장군의 장례식을 기화로 7월 왕정을 전복시키려고 봉기했으나 실패한 사건이다. 위고가 1830년 7월 혁명이 아니라 고결하지만 무모한 희생으로 끝나버린 6월 봉기를 작품의 주요 배경으로 삼은 데는 이유가 없지 않다. 누군가는 패자들의 편에 서서, 그들의 영웅적인 행위가 비록 실패로 돌아갔지만, 궁극적으로는 역사의 진보에 기여했음을 기록할 필요가 있었으며, "모두의 평화에 다름 아닌 질서가 바로 설 때까지, 조화와 일치가 지배할 때까지 진보는 과정으로서 여러 혁명들을 거쳐 갈" 것임을 강조할 필요가 있었기 때문이다(V-I-20).

희망 없는 싸움을 벌이고, 태연히 죽음을 감수하는 샹브르리 거리의 젊은 열광자들의 편에서 작가-화자는 이들이 목숨을 걸었던 이상, 즉 '역사의 진보'에 대해 이렇게 말한다.

> 진보는 인간의 존재 양식이다. 인류의 보편적 삶을 진보라 부르며, 인류가 함께 내딛는 발걸음도 진보라고 부른다. 진보는 인간의 존재 양식이다. 인류의 보편적 삶을 진보라 부르며, 인류가 함께 내딛는 발걸음도 진보라고 부른다. 진보는 전진한다. 진보는 천상과 신성을 향한 인간적인 세속의 대장정이기도 하다. 걸음을 멈추고 뒤처진 무리를 불러 모으기도 하고, 돌연 어느 장엄한 가나안이 제 지평을 드러내면, 멈춰 서서 명상에 잠기기도 한다. 밤도 있어, 밤에는 잠을 청하기도 한다. 사람의 영혼에 드리워진 어둠을 보는 것, 또 암흑 속에 잠들어 있는 진보를 더듬어 보지만 깨울 수 없는 것, 바로 그것이 사상가의 비통한 근심 가운데 하나이다. (V-I-20)

'진보'가 집요하게 강조되어 있다. 위고는 여기에서 진보의 노정, 그 자체가 인류의 역사라고 말하고 있다. 세기 초에 스탈 부인(Madame de Staël)이 '완전 가능성'(la Perfectibilité)의 개념으로 인간 도덕과 지성의 진보를 주창했다면, 위고는 여기에서 한 걸음 더 나아가 사회, 정치적인 민주주의를 향한 행보로 '진보'를 언급하고 있다. '진보'의 움직임은 인류의 역사가 그러했듯, 또 프랑스 대혁명 이후 프랑스가 걸어온 노정이 그러했듯, 때로 답보 상태에 놓이고 또 때로는 퇴보한 듯한 인상을 주기도 하지만 완만한 상승곡선을 그리게 된다. 바로 이러한 이유에서 위고는 힘주어 말한다.

> 절망하는 자에게 잘못이 있다. 진보는 반드시 깨어나며, 그리고 결국 우리는 잠든 채로도 진보가 걸음을 옮겼다고 말할 수 있을 것인데, 왜냐하면 그가 성장했기 때문이다. 그를 세워놓고 다시 보면, 한층 더 높아져 있음을 발견하게 될 것이다. (…) 혼란이 지나간 후에도 실상 걸어온 길이 있었음을 알아보게 된다. 모두의 평화에 다름 아닌 질서가 바로 설 때까지, 조화와 일치가 지배할 때까지, 진보는 과정으로서 여러 혁명들을 거쳐 갈 것이다. 20세기는 인류의 평화 시기가 될 것이고, 혁명은 진보를 가속할 것이다. (V-I-20)

폭력이 있었고, 공포정치 시대가 있었다. 또 나폴레옹 제국도 있었다. 전쟁이 있었고 학살도 일어났다. 그러나 이것이 역사를 절망해야 하는 이유는 아니다. 진보는 때로 걸음을 멈출 수도, 또 때로는 그 걸음에 암흑이

드리워질 수도 있다. 그러나 진보는 늘 거기에 있다. 진보를 이어나가기 위한 최선은 물론 평화적인 해결이다. 그러나 1789년 7월 14일, 억제할 수 없게 시작된 인류의 장엄한 운동을 찬란한 결과로 이끌기 위해, 희망 없는 싸움, 숭고한 죽음은 계속될 것이다. 이것이 바로 위고가《레 미제라블》속에 새겨 넣은 '진보'의 요체일 것이다.

위고에 따르면, 혁명을 통한 진보의 끝에 우리는 고통과 시련의 역사가 끝난 후 열리게 될 새로운 시대를 살게 될 것이다. 이 시대는 균일한 시간성이 지속되고, 변화, 기복, 시대의 역행, 단절이 없는 시대, 또 조화와 일치가 지배하는 시대일 것이다. 바로 이러한 미래에 대한 비전이야말로 G 의원이 임종의 순간 섬광처럼 만나게 된 '무한'일 것이다.

3 구원과 신성을 향한 세속의 대장정

작품 속에서 세심하게 다루어지는 19세기 전반의 역사적인 사건들, 프랑스 대혁명에서부터 1832년의 봉기에 이르기까지 프랑스가 겪었던 갖가지 변전의 역사는 '진보'의 역사에 놓여있다. '역사(Histoire)'의 진보를 위해서는 그 역사의 주체가 되는 개개인의 삶이 만들어가는 진보의 역사가 필수적이다.

진보의 역사 속에 개인의 삶과 그들이 꾸려가는 일상(histoires)이 이야기되고, 그 중심에 장 발장이라는 한 영혼의 여정이 놓여있다.

장 발장의 여정은 1796년 4월, 조카들을 먹여 살리기 위해 빵 한 조각을 훔친 죄로 5년의 구형을 받는 데서 시작된다. 가난한 농가에서 태어나 일찍이 부모를 여의고 그에게 남은 것은 아들딸 일곱을 두고 과부가 된 누이 하나뿐이었다. 이들을 부양하기 위해 온갖 잡일을 마다하지 않았지만, 가난에 쫓기며 살아갈 수밖에 없었다. 그러던 중 혹독한 겨울이 왔고, 일거리가 없었고, 가족은 빵이 없었고 그에게는 일곱 아이가 있었다. 그런 그에게 유죄 선고를 내리는 "법전의 규정은 명료"했다(I-II-6). 장 발장은 5년의 도형을 선고받고 비세트르 형무소에 끌려간다. 장 발장은 자신의 상황을 전혀 이해하지 못하는 듯 보였다. 자신의 상황이 끔찍하고 무언가 지나치다는 생각밖에는 할 수 없었다. 그의 머리 뒤에서 굴레를 고정할 못을 망치로 내려쳐 박는 동안 그는 울고 있었고, 목이 메어 말도 하지 못했다. 죄라고는 그저 가난했던 것뿐인 그는 파브롤에서 가지 치던 사람일 뿐이었다고 간간 말할 수 있을 뿐이었다.

그가 탈옥을 시도할 때마다 가중형이 내려졌고, 1796년 형무소에 들어갔던 그는 총 19년의 형기를 마치고 1815년 10월 말이 되어서야 석방된다. 장 발장은 흐느끼고 떨면서 감옥에 들어갔고, 무감정한 사람이 되어 거기서 나왔다. 자신에게 불행을 초래한 사회를 단죄하고, 사회를 만든 신의 섭리를 단죄하면서 그의 영혼은 음울해졌다. 마치 인간이 본래 가지고 있을 "결코 완전히 꺼지지 않는 그 어떤 거룩한 빛"이 꺼져버린 것만 같았다. 해가

지날수록 그의 영혼은 메말라 갔고, "감옥에서 나올 때까지 19년간 그는 눈물 한 방울도 흘리지 않았"다(I-II-7). 파브롤의 소심한 가지 치는 일꾼은 이렇듯 툴롱의 무서운 죄수로 변모해 갔다.

장 발장의 절도와 이로 인한 터무니없는 오랜 감옥살이가 그의 영혼이 겪었던 첫 번째 '추락'이었다면, 죗값을 치르고 자유로운 몸이 된 그는 또 다른 '추락'을 겪게 된다. 석방되었던 순간, "강렬한 광명의 빛"(I-II-9)을 느꼈고 새로운 생이 열릴 것이라고 믿었던 그는 곧 노란 통행권이 첨부된 자유가 무엇인지를 깨닫게 된다. 장 발장이 겪게 되는 이 두 번째 추락은 자유를 얻었으나 '노란 통행권', 즉 죄인이라는 낙인을 떨쳐버릴 수 없었다는 데서 비롯된 것이다.

"석방은 해방이 아니다. 사람은 형무소에서는 나오지만, 처형에서 나오는 것은 아니"(I-II-9)라고 화자가 말하고 있듯, 장 발장은 석방되어 사회에 나왔지만, 하룻밤 묵어갈 곳 하나 찾을 수 없음을 깨닫게 된다. 장 발장은 반복적으로 거부당하면서 사회에 그가 머물 곳이 아무 데도 없음을 점점 더 뚜렷하게 자각하게 된다. 그에게 이러한 거부는 더 깊은 심연으로의 '추락'과 같은 것이며, 그가 추락함에 따라 사회에 대한 증오 역시 단계적으로 깊어진다. 그가 완전히 고립되었음을 절망적으로 느꼈을 때, 마지막으로 그를 환대해 준 유일한 사람이 바로 미리엘 주교다.

미리엘 주교의 환대를 받았지만, 장 발장이 주교의 은식기들을 훔쳤을 때, 그는 아직 '도형수'라는 '어둠' 속에 빠져있었다. 주교가 장 발장을 비호하고 나섰을 때, 그의 내면에는 하나의 '혁명'이 일어나게 된다. 난생처음, 사랑과 자비의 경험을 하게 된 그는 평생 이 은식기들을 간직하며, 인간으로 다시 태어났던 그 순간을 되새기게 될 것이다. 심연 속으로 빠져들던 장 발장이 비앵브뉘 주교를 만났고, 그는 장 발장의 메말라 있던 영혼을 구원한 것이다.

그러나 진정한 의미에서의 '회심'은 '프티 제르베 사건'을 계기로 일어나게 된다. 이 사건으로 장 발장은 처음으로 자기 자신과 정면으로 마주한다. 주교관에서 나와 우연히 만나게 된 굴뚝 청소부 소년, 프티 제르베에게서 그의 전 재산일지도 모를 40수짜리 은전 한 닢을 빼앗은 장 발장은 이내 가책에 사로잡힌다. 정신을 차리고 소년에게 은전을 되돌려주려고 그를 부르지만, 소년은 이미 멀어져 있었다.

> 보이지 않는 힘이 가책의 무게로 갑자기 그를 짓누르듯이, 확 다리가 꺾였다. 그는 아주 거대한 바위 위에 기진맥진한 채로 넘어져 머리칼을 움켜쥐고 얼굴을 무릎 사이에 처박은 채로 울부짖었다. (…) 그의 심장이 터져버렸고 그는 울기 시작했다. 19년 만에 처음으로 우는 것이었다. (I-II-13)

19년간 한 방울의 눈물도 흘리지 않았던 그가 처음으로 오열했다. 그리고 그는 자기 내부에 존재하는 두 존재를 응시한다. 장 발장 자신과 횃불과 같은 신비한 빛으로 나타나는 주교를. 이제 그의 영혼 속에서는 '빛'과 '어둠'이 분명히 분리되었고 이제 그는 진정한 구원의 길이 정직함과 너그러움, 그리고 관대함 속에 있음을 분명히 인식하게 된다.

그러나 '구원'의 길, '미리엘 주교로 사는 일'은 녹록지만은 않다. 장 발장은 수차례에 걸쳐 자신 안에서 '장 발장'과 '미리엘 주교'가 갈등하게 되는 상황을 겪게 될 것이다. 마치 역사가 갖가지 변전의 과정을 거치면서 '진보'해 가는 것과 마찬가지로 그는 끊임없는 내적 투쟁의 여정을 걷게 될 것이다.

장 발장이 겪게 될 무시무시한 "머릿속 폭풍우"(I-VII-3)는 장 발장으로 오인되어 체포된 샹마티외의 재판을 둘러싸고 일어난다. 장 발장은 스스로를 고발함으로써 모든 것을 잃을 것인지 초라한 이기심으로 진실을 외면하며 살아갈 것인지 극심한 번뇌의 순간을 겪게 된다.

맨 먼저 그의 머리에 떠오른 것은 달려가 자수하고 샹마티외를 감옥에서 꺼내는 것이었다. 그러나 멈칫한다. 가만있자고, 최초의 갸륵한 충동을 억누르고 그 비장한 행위 앞에서 뒷걸음친다. 다시 상념에 잠긴다. '신성'을 구하기 위한 그의 몸부림은 계속된다. "정념의 싸움터"(I-VII-3)와도 같은 그의 의식 속에서 벌어지는 난투는 우리 밖에 존재하는 '무한', 즉 우리가 궁극적으로 도달해야 할 '이상'을 비춰내는 거울이자, 그것의 반영이며 반향인 또 다른 하나의 '무한'이 우리 안에 존재하고 있어, 우리의 생각과 말과 행위를 비추고 있기 때문이다. 이러한 의미에서 위고는 "이 책은 무한을 첫째 인물로 삼고 있는 한 편의 드라마다. 인간은 둘째 인물"이라고 말하고 있다(II-VII-1).

오랜 갈등 끝에 자신을 고발한 장 발장은 다시 수인번호 9430을 단 죄수가 된다. 새로운 쓰라림을 맛보고 또다시 혐오와 피로에 사로잡힌다. 그런 그에게 다시 한번 상승의 기회가 찾아왔다. 1823년 11월 17일, 툴롱에서 노역에 종사하던 장 발장은 선원 한 명을 구조하고 바다에 빠진다. 사람들은 그가 익사했다고 믿었으나, 기적적으로 목숨을 구한 그는 팡틴과의 약속을 지키기 위해 코제트를 데리고 미리 구해놓은 파리의 거처에 당도한다.

"두 불행이 섞여 행복을 만들다"라는 2부 4권 3장의 제목은 의미심장하다. 운명은 불행을 겪었던 이 두 사람, 나이로는 달랐지만 슬픔에 있어서는 닮았던 이들을 이어주었다. 이들의 두 손이 맞닿았던 신비로운 순간, 두 손은 합쳐졌다.

> 그는 사랑했고 다시 강해졌다. 아아! 그는 코제트만큼이나 연약했다. 그가 그녀를 지켰고 그녀는 그를 강하게 만들었다. 그 덕분에 코제트는 인생을 살아갈 수 있었고, 그녀 덕분에 그는 선행을 이어갈 수 있었다. 그가 이 아이의 지지대였고, 아이는 그의 버팀목이었다. 오, 균형을 이룬 운명, 그 알 수 없고 신성한 신비여! (II-IV-3)

이렇게 새로운 힘을 얻은 장 발장은 다시 '구원'의 여정을 걷게 된다. 주교와의 만남이 그의 마음속에 신성한 빛을 비추었던 것처럼 코제트는 그의 버팀목이 되어 그녀 덕분에 선행을 이어갈 수 있게 된다. 물론 그 길은 여전히 험난하다. 샹마티외 사건에서 자신을 고발함으로써 모든 것을 잃을 것인지 초라한 이기심으로 진실을 외면하며 살아갈 것인지, 혹독한 '머릿속의 폭풍우'를 겪었듯, 수녀원에서 누리던 안정과 행복을 지키기 위해 코제트에게 성소의 길을 걷게 할 것인지, 아니면 그녀의 행복을 위해 세상으로 나가야 할 것이지 고심하기도 했고, 자신으로부터 코제트를 빼앗아 갈 마리우스로부터 그녀를 떼어놓으려고도 했다. 그러나 코제트가 사랑하는 마리우스가 바리케이드에서 총에 맞아 쓰러지자, 아무 망설임 없이 그를 구해 파리의 지하도로 들어간다.

파리의 지하도 안을 관통하는 것은 매우 험난한 일이었다. 전날의 소나기 때문에 온통 진창이 되어버렸던 지하도 안을 장 발장은 마리우스를 등에 메고 나아간다.

장 발장은 자기 밑으로 포석 바닥이 무너지는 것을 느꼈다. 그는 그 진흙탕으로 들어갔다. 표면은 물이고, 바닥은 진흙이었다. 꼭 지나가야만 했다. 되돌아가는 것은 불가능했다. 마리우스는 숨져가고 있었고, 장 발장은 기진맥진해 있었다. 하지만 어디로 갈 것인가? 장 발장은 전진했다. 그런데 물구덩이는 첫걸음엔 별로 깊지 않은 것 같았다. 그러나 전진함에 따라 발이 빠져들어 갔다. 곧 진흙은 종아리 중간까지 왔고, 물은 무릎보다도 높아졌다. 그는 두 팔로 마리우스를 되도록 물 위에 높이 올리면서 걸어갔다. 진흙은 이제 오금까지, 물은 허리까지 왔다. 이미 되돌아갈 수는 없었다. 그는 더욱더 빠져서 들어갔다. 그 진흙이 한 사람의 무게를 지탱하기에는 충분히 단단했지만, 분명히 두 사람을 지탱할 수는 없었다. 마리우스와 장 발장은 따로따로라

파리 하수도 안의 장 발장과 마리우스

면 요행히 난관을 벗어날 수 있었을 것이다. 장 발장은 아마 시체일지도 모를 그 죽어가는 사람을 받치고 전진을 계속했다. (V III 6)

마리우스를 등에 지고 하수도 안을 힘겹게 걸어가고 있는 그의 모습에 인류를 구원하기 위해 십자가를 지고 골고다 언덕을 오르는 예수의 이미지가 중첩된다. 마침내 알 수 없는 빛이 그의 영혼을 가득 채운다.

"진보는 모두가 함께 내딛는 걸음"(V-I-20)이라고 위고가 말했듯, 작품 속에 그려진 장 발장의 행보는 한 개인의 차원의 것이 아니라 사회 구성원 모두에게 부과되는 '의무'와도 같다. 모두가 함께, 정의, 사랑, 자기희생의 길을 걸어갈 때 필연적으로 사회에 존재할 수밖에 없는 사회악에 맞서고 진보의 역사를, 우애와 화합과 여명의 미래를 함께 만들어갈 수 있다. 그러나 어쩌면 이러한 길이 반드시 개인적인 행복을 담보하지는 않는 것일지도 모른다. 페르라셰즈 묘지의 한구석에 장 발장의 묘비가 잊힌 채 쓸쓸히 놓여있는 것처럼.

다만, 이미 여러 해 전의 일이지만, 누군가가 거기에 연필로 아래와 같은 사행시를 적어놓았는데, 이 시는 비와 먼지 때문에 시나브로 읽을 수 없게 되었으니, 십중팔구 오늘날에는 지워져 버렸을 것이다.

그가 잠들어 있다. 그의 운명은 참으로 기구했건만.
그는 살고 있었다. 그에게 더 이상 천사가 없었을 때 그는 죽었다.

단지 올 것이 온 것뿐.
마치 해가 지면 밤이 되듯이. (V-IX-6)

장 발장은 역사를 만들어가는 무수한 무명의 용자들 가운데 하나였다. "삶, 불행, 고립, 고독, 빈곤"(III-V-1)이라는 전장(戰場)에서 그의 여정은 구원과 신성을 향한 치열한 세속의 대장정이었다. 작품 속에 그려진 장 발장의 행보는 사회 구성원 모두가 걸어야 할 길이다. 장 발장과 같은 무명의 용자로 살아갈 때, 우리는 위고가 말했던 '역사적 이상', '무한'에 도달하게 될 것이다.

4 작품의 현재적 의미

《레 미제라블》의 1부가 출판되었을 때, 출판인 라크루아는 "19세기, 아니 어쩌면 모든 문학작품들 가운데 가장 눈부신 성공을 거둔 작품"으로《레 미제라블》을 언급하기를 서슴지 않았다(Leuilliot 1970, 302-303). 그러나 당대 프랑스 문단의 평가는 빅토르 위고에게 호의적이지만은 않았다. 소설의 미학적인 측면뿐 아니라 작품의 정치, 도덕, 사회적인 메시지를 두고 바르베 도르비이(Barbey d'Aurevilly), 플로베르(Flaubert), 라마르틴(Lamartine) 등 당대 작가들이 비판의 목소리를 높였다(Scepi 2018, LIII-LVI). 오랜 기간 "위고를 혐오하는 스노비즘"(Guyard 1963, I)이 있었지만, 사람들은 여전히 《레 미제라블》을 읽는다. 가브로슈는 "파리의 부랑아(gavroche)"를 지칭하는 일반명사가 되었고, 장 발장, 테나르디에, 팡틴, 자베르의 이름 역시 모두의 기억 속에 남아 있다.

영국, 스페인, 이탈리아 등의 유럽 국가들에서는 원작의 출판과 거의 동시에 번역이 이루어졌지만, 동아시아의 경우 《레 미제라블》이 번역, 소개된 것은 20세기 초에 들어서다. 일본의 하라 호이쓰안(原抱一庵, 1866~1904)은 《ABC[組合]》을 발표했고, 구로이와 루이코(黑岩淚香, 1862~1920)는 1902년에서 1903년에 걸쳐 〈아아, 무조우[噫無情]〉라는 제목의 번안소설을 신문에 연재했다(Inagaki 2002, 94). 중국의 경우, 1903년 루쉰(魯迅, 1881~1936)이 구로이와 루이코의 번안 연재소설을 중역(重譯)으로 발표했고, 같은 해에 승려이자 시인이었던 쑤만수(蘇曼殊, 1884~1918)가 번안 연재소설을 상하이의 《국민일보》에 발표했다(Dali 2002, 79).

《레 미제라블》이 우리나라에 처음 소개된 것 역시 같은 시기였다. 일제강점기 시대에 최남선, 민태원, 홍영후와 같은 지식인들이 《ABC계(契)》, 《너 참 불상타》, 《애사(哀史)》, 《장발장의 설움》이라는 제목으로 원작 소설을 축역이나 번안, 중역으로 소개한 바 있다(박진영 2007). 근대 초엽 동아시아에 소개된 《레 미제라블》은 문체, 서사 방식, 번역가의 기획 의도 등 여러 가지 층위에서 변별되는 특징을 지니고 있었지만, 근대를 준비하던 각국의 정치적, 문학적인 당면 과제를 재고할 수 있는 계기를 마련했다는 점, 작품 수용의 초석을 마련했다는 점에서는 유사한 면모를 지니고 있다.

《레 미제라블》이 오늘날 전 지구적으로 세계문학의 위상을 누리며 빅토르 위고의 대표작으로 손꼽히게 된 것은 작품이 전 세계의 다양한 언어로 번역, 소개된 덕분이지만, 그뿐만은 아니다. 작품이 출판된 이듬해 빅토르 위고의 아들인 샤를 위고(Charles Hugo)와 폴 뫼리스(Paul Meurice)가 작품을 번안하여 브뤼셀과 파리의 연극 무대에 올렸던 것을 시작으로 작품은 영화, 뮤지컬, 연극 등 다양한 버전으로 만들어지고, 그때마다 많은 관객에게 감동을 주고 있다. 영화의 경우, 최근 연구에 따르면 1897년 뤼미에르 형제가 만든《레 미제라블》의 짧은 소개 영화를 비롯하여 만화영화까지 포함해서 총 48종의 영화가 존재한다(Moncond'huy et Henri Scepi 2008, 1717-1720). 조긍하 감독이 연출하고 김승호, 방수일 등이 출연한 〈쟌발쟌〉(1961)도 여기에 포함된다.

톰 후퍼 감독의 〈레 미제라블〉(2012)은 가장 최근에 만들어진 영화다. 로베르 오센(Robert Hossein)의 연출로 1980년 파리에서 초연되었던 뮤지컬을 1985년 영어로 각색하여 런던에서 공연한 버전을 영화화한 것이다. 이 작품은 한국에서 누적 관객 590만 명을 넘어서며 뮤지컬 영화로서는 놀라운 흥행을 기록했다. 영화 〈레 미제라블〉의 열풍은 〈레 밀리터리블〉, 〈레 스쿨제라블〉과 같은 패러디 영상물을 만들어내기도 했다.

사회의 부조리와 모순이 있는 곳 어디에서든 '레 미제라블'이 환기되고 있다. 스트리트 아티스트 뱅크시(Banksy)는 런던 프랑스 대사관 앞에 코제트

뱅크시가 그린 코제트

를 그렸다.

그림 속에서 자유, 평등, 박애를 상징하는 삼색기는 너덜너덜해졌고 코제트는 눈물을 흘리고 있다. 그 아래로는 최루탄 연기가 뭉게뭉게 피어오르고 있다. 이 그림이 프랑스 칼레 난민들의 상황을 규탄하는 것임에는 의심의 여지가 없다.

위고는 《레 미제라블》 서문에 다음과 같은 전언을 남긴 바 있다.

법률과 풍습에 의하여 인위적으로 문명의 한복판에 지옥을 만들고,
인간적 숙명으로 신성한 운명을 복잡하게 만드는 영원한 사회적 형벌이 존재하는 한,
무산계급에 의한 남성의 추락, 기아에 의한 여성의 타락, 암흑에 의한 어린이의 위축,
이 시대의 이 세 가지 문제가 해결되지 않는 한,
어떤 계급에 사회적 질식이 가능한 한,
다시 말하자면, 그리고 더욱 넓은 견지에서 말하자면,
지상에 무지와 빈곤이 존재하는 한, 이 책 같은 종류의 책들도 무익하지는 않으리라.

그가 말했던 것처럼 '바리케이드 너머'를 꿈꿀 수밖에 없는 사회가 존재하는 한, 그의 작품은 영원히 우리 곁에 살아 숨 쉬고 있을 것이다.

참고 문헌

- Hugo, Victor. *Les Misérables*. Éd. par Guy et Anette Rosa. Robert Laffont, 1985.
- Guyard, Marius-François. 〈Introduction〉. *Les Misérables*. Garnier frères, 1963.
- Scepi, Henri. 〈Introduction〉. *Les Misérables*. Gallimard, 2018.
- Moncond'huy, Dominique. 〈Les Misérables, la scène et l'image〉. *Les Misérables*. Gallimard, 2018.
- Moncond'huy, Dominique et Henri Scepi. 〈Adaptations〉. *Les Misérables*. Gallimard, 2018.
- Dali, Shen. 〈Victor Hugo en Chine〉. *Revue des deux mondes* 10/11(2002): 79-85.
- Inagaki, Naoki. 〈Victor Hugo aujourd'hui au Japon〉. *Revue des deux mondes* 10/11(2002): 94-98.
- Leuilliot, Bernard. *Victor Hugo publie les Misérables*. Klincksieck, 1970.
- Hovasse, Jean-Marc. *Victor Hugo t. II Pendant l'exil, 1851-1864*. Fayard, 2008.

- 빅토르 위고. 《레 미제라블》. 정기수 옮김. 민음사, 2012.
- 박진영. 〈소설 번안의 다중성과 역사성—《레미제라블》을 위한 다섯 개의 열쇠〉. 《민족문화사연구》 33(2007): 213-254.

더 읽어보기

《레 미제라블》을 이해하기 위해 함께 읽으면 좋은 빅토르 위고의 작품을 추천하면 다음과 같다.

빅토르 위고.《파리의 노트르담》. 정기수 옮김. 민음사, 2005.

______.《사형수 최후의 날》. 한택수 옮김. 지식을만드는지식, 2012.

______.《웃는 남자》. 이형식 옮김. 열린책들, 2009.

______.《93년》. 이형식 옮김. 열린책들, 2011.

위고의 생애 전반이나 작품 전반에 대한 정보를 얻기 위한 유용한 저서 및 번역서를 소개하면 다음과 같다.

데이비드 벨로스.《세기의 소설, 레 미제라블》. 정해영 옮김. 메멘토, 2017.

로라 엘 마키·기욤 갈리엔.《빅토르 위고와 함께 하는 여름》. 백선희 옮김. 뮤진트리, 2016.

이도흠 외.《우리 시대의 레미제라블 읽기》. 한울아카데미, 2014.

《레 미제라블》과 비슷한 주제를 다룬 다른 작가들의 작품과 비교하여 읽어보면 흥미로울 것이다.

에밀 졸라.《제르미날 1, 2》. 강충권 옮김. 민음사, 2022.

찰스 디킨스.《황폐한 집》. 김선화 옮김. 비꽃, 2020.

표도르 도스토옙스키.《죄와 벌》. 김연경 옮김. 민음사, 2012.

필진

고점복 …… 고려대학교 중어중문학과 교수. 고려대학교 중어중문학과를 졸업하고 동 대학원에서 석사학위와 박사학위를 취득했다. 주로 20세기 중국의 대문호 루쉰(魯迅)을 중심으로 중국현대문학 관련 연구와 교육을 진행하고 있다. 저서로는《아큐의 차이나 르포-고도 성장의 그늘》(2011),《루쉰의《아큐정전》읽기》(2014)가 있으며, 역서로는《마씨부자》(2013),《타이완의 근대문학》(공역, 2013)이 있다.

김종훈 …… 고려대학교 국어국문학과 교수. 고려대학교 국어국문학과와 동 대학원을 졸업하였다.《창작과비평》에서 평론가로,《서정시학》에서 시인으로 등단하였으며 최근에는 '시적인 것'의 효용과 확장에 관심을 두고 연구하고 있다. 저서로《한국 근대 서정시의 기원과 형성》(2010),《미래의 서정에게》(2012),《정밀한 시 읽기》(2016),《시적인 것의 귀환》(2022) 등이 있다.

신지영 …… 고려대학교 독어독문학과 교수. 독일현대소설을 전공하였고, 독일 쾰른 대학교에서 로베르트 무질의 〈특성 없는 남자〉 연구로 박사학위를 받았다. 현재는 독일의 현재 소설을 텍스트로 하여 유럽의 기억과 문화적 정체성에 관한 연구를 진행하고 있다. 무질의《특성 없는 남자》(2022)를 최초로 한국어 완역하였으며 무질의《생전유고/어리석음에 대하여》(2015)를 번역하였다.

양원석 …… 고려대학교 한문학과 교수. 고려대학교에서 〈조선후기 문자훈고학 연구〉로 박사학위를 받았다. 주로 조선 시대의 한자학과 경학에 대한 연구를 진행하고 있으며, 현대한자학과 한문교육 분야에도 관심을 가지고 있다. 중국인민대학, 대만의 국립정치대학 등에서 학생들을 가르치고 연구한 경험을 바탕으로 연구의 시야를 동아시아 전체로 확대하고 있다. 주요 저서로는《조선시대 한자학의 이론과 쟁점》(2018),《한자의 이해》(공저, 2008),《한중일 동아시아 신화의 문화적 교차》(공저, 2018) 등이 있으며, 역서로는《국역 수세비결 1, 2》(공역, 2008),《역주 자학》(공역, 2008) 등이 있다.

이상우 …… 고려대학교 국어국문학과 교수. 고려대학교 대학원에서 한국 근대극을 연구하여 박사학위를 받았고, 영남대학교를 거쳐 현재 고려대학교에서 한국현대희곡, 극작가론, 연극론 등을 가르치고 있다. 특히 20세기 동아시아 문화 구도에서 연극, 영화 등 드라마 예술이 지닌 정치학/미학의 관련 양상에 대해 깊은 관심을 갖고 있다. 주요 저서로《극장, 정치를 꿈꾸다》(2018),《식민지 극장의 연기된 모더니티》(2011),《우리는 왜 극장에 가는가》(2020),《한국현대희곡선》(2017),《전쟁과 극장》(공저, 2015),《월경하는 극장들》(공저, 2013), 역서로《영화, 대동아를 상상하다》(공역, 2017),《제국의 수도, 모더니티를 꿈꾸다》(공역, 2012) 등이 있다.

이순희 …… 고려대학교 불어불문학과 교수. 프랑스 19세기 문학을 전공하였고, 프랑수아-르네 드 샤토브리앙(François-René de Chateaubriand)이 작가 생전에 스스로 마련한 라드보카본 전집(1826-1831)의 구성과 의의에 대한 연구로 박사학위를 받았다. 샤토브리앙, 스탈 부인(Madame de Staël), 뱅자맹 콩스탕(Benjamin Constant) 등 18세기와 19세기의 교차로에 놓인 초기 낭만주의 작가들에 대한 연구를 진행하고 있으며, 이에 관한 다수의 논문을 발표한 바 있다. 아울러 프랑스 19세기의 역사극, 역사소설, 회고록 등을 중심으로 문학과 역사의 관계에 대한 연구를 진행할 계획을 갖고 있다.

인문고전 세미나—3

혁명과 시대정신

초판 발행 1쇄 2023년 12월 20일

지은이 고점복 · 김종훈 · 신지영
양원석 · 이상우 · 이순희
펴낸곳 고려대학교출판문화원
www.kupress.com
kupress@korea.ac.kr
(02841) 서울특별시 성북구 안암로 145
Tel 02-3290-4230, 4232
Fax 02-923-6311
찍은곳 네오프린텍(주)

ISBN 979-11-6956-009-2 03800

값 15,000원